Friedrich Wilhelm Culmann

Das Salben im Morgen- und Abendlande

Eine sprachliche Studie

Friedrich Wilhelm Culmann

Das Salben im Morgen- und Abendlande

Eine sprachliche Studie

ISBN/EAN: 9783845744131

Erscheinungsjahr: 2012

Erscheinungsort: Bremen, Deutschland

© Unikum in Europäischer Hochschulverlag GmbH & Co. KG, Fahrenheitstr. 1, 28359 Bremen. Alle Rechte beim Verlag und bei den jeweiligen Lizenzgebern.

www.unikum-verlag.de | office@unikum-verlag.de

Bei diesem Titel handelt es sich um den Nachdruck eines historischen, lange vergriffenen Buches. Da elektronische Druckvorlagen für diese Titel nicht existieren, musste auf alte Vorlagen zurückgegriffen werden. Hieraus zwangsläufig resultierende Qualitätsverluste bitten wir zu entschuldigen.

Friedrich Wilhelm Culmann

Das Salben im Morgen- und Abendlande

Eine sprachliche Studie

DAS SALBEN

im

MORGEN- UND ABENDLANDE.

EINE SPRACHLICHE STUDIE

nebst mehreren

Beilagen über etymologische Lebensfragen

von

F. W. CULMANN.

Leipzig
Verlag von Friedr. Fleischer
1876

Das Salben im Morgen- und Abendlande.

Das Salben ist ein Gebrauch, der bekanntlich bei allen Culturvölkern des Morgen- und Abendlandes vorkommt, und in den verschiedensten Beziehungen stattfindet. Wir begegnen demselben schon in den ältesten Urkunden der Hebräer, Griechen und Römer, und zwar sowohl bei der Weihe von Priestern, Propheten und Königen, als auch bei leblosen Gegenständen, wie bei der Einweihung von Altären, heiligen Orten und Geräthschaften. Dessgleichen finden wir ihn bei Bestattung theuerer Entschlafenen, wie bei frohen Festen, Hochzeiten und Gastmälern; auch fehlt er nur selten am Putztische und in dem Badgemache, wie bei den Vorbereitungen zum Ringen und Kämpfen. Ueberdiesz erscheint das Salben häufig auch als Zeichen der Verehrung und Freude beim Empfange willkommener Gäste, wie nicht minder als Heilmittel bei körperlichen Schäden, Wunden und dergleichen, und noch in der Nähe des Todes als letztes Viaticum.

Hoffentlich fühlte sich jedoch in Folge des Titels vorliegender Blätter Niemand getäuscht, wenn er im Verlaufe derselben weder besondere technische Anweisungen oder Recepte für Salben, noch ausführliche archeologische und culturgeschichtliche Notizen über das Salben gefunden hat. Was der Verfasser der «sprachlichen Studie» vor allem zu erörtern und womöglich in's Klare zu bringen gedachte, ist nichts anders als die begriffliche

Verwandtschaft der lautlich so verschiedenen Ausdrücke, welche namentlich auf dem Gebiete des Salbens in den Hauptsprachen des Orients und des Occidents vorkommen[1]. Uebrigens beschränkte er sich dabei auf diejenigen Ausdrücke, welche zunächst der Handlung des Salbens und den dabei gebräuchlichen Grundstoffen gelten, absehend von allen besondern Ingredienzen, wie solche namentlich bei religiösen, ärztlichen, diätetischen und kosmetischen Salben vorkommen, und hinsichtlich welcher dem Liebhaber schon bei Plinius, Hist. nat. XIII, eine reiche Auswahl zu Gebote steht.

I. Gothische Ausdrücke.

Unsere Umschau nach den Ausdrücken, welche für die Handlung des Salbens in den europäischen und asiatischen Hauptsprachen vorkommen, beginnen wir wohl billig auf germanischem Boden, wo wir im Gothischen vor allen dem Verbum salbôn, gasalbôn, soviel als lat. *unguere*, griech. *ἀλείφειν*, sanskr. *anǵa*, *anǵati*, begegnen. Im Althochdeutschen hat dieses Verbum die doppelte Form von salpôn und salbôn, während es im Angelsächsischen in der Form von sealfjan, wie im Friesischen in der von salva, und im heutigen Hochdeutschen in der von salben samt Salbe, Salbung, Salber, Salberei u. s. w. erscheint.

Fragen wir nun aber nach der Herkunft und der ursprünglichen Bedeutung dieser Wörter, deren bekannte

[1] Vergl. Pott: Ueber Mannichfaltigkeit des sprachlichen Ausdrucks nach Laut und Begriff. Zeitschrift für Völkerpsychologie und Sprachwissenschaft, I, 510 ff.

älteste Form wohl in salbôn vorliegt, so gehören sie nach dem goth. Wörterbuche von Ernst Schulze, wie nach dem neuesten deutschen Wörterbuche von F. L. K. Weigand, zu denjenigen, deren Wurzeln vorerst noch im Dunkeln liegen. Auch finden sich, unseres Wissens, in den übrigen indogermanischen Stämmen keine Wörter, welche unserm salbôn nach Form und Bedeutung so nahe ständen, dass es mit diesen ohne Bedenken als Sprössling eines gemeinsamen Stammes, oder als Glied einer und derselben Familie könnte betrachtet werden. Wollen wir daher unsere Zuflucht nicht zu einem ausserindogermanischen Lehnworte nehmen, wie etwa zu dem hebr. *salaph* oder *salap*, das soviel heiszt als gleiten, glatt und schlüpferig seyn, und synkopirt *salph* oder *salp* abgeben würde, so thun wir wohl am besten, wenn wir besagtes salbôn als eine rein gothische oder germanische Bildung betrachten, welcher irgend eine, wenigstens der Grundbedeutung des Wortes entsprechende, indogermanische Wurzel zu Grunde liegt.

Und irren wir nicht, so ist diese Wurzel allernächst dieselbe, in welcher die Urväter unserer Nachbarn in dem lothringischen Theile des neuen Reichslandes den Namen eines ihrer Hauptflüsse, und mit demselben auch die Namen mehrerer ihrer Städte und Dörfer, wie Saaralben, Saarburg, Saargemünd, Saarwerden u. s. w. gefunden haben. Wir meinen nemlich das indogermanische sara = sala, flüssig, flieszend seyn, als Verbum flectirt, sara-ti, sala-ti, es läuft, flieszt[1], und als Substant. das

[1] Man beliebe hier die erste Beilage zu vergleichen.

Flüssige, Flieszende, daher im Sanskrit sara, das Wasser, und mit gesteigertem Wurzelvocal sâra, Saft, geronnene Milch, Butter und dergleichen, wie auch sala und salila, Wasser; vergl. lat. *serum*, *salum*, *in-sula*, Insel, althd. sâla, die Saale. Weitergebildet durch das Verbalsuffix *va* wurde sara zu sara-va, synkop. sar-va, mit Vorsprung des *r*, srava, srava-ti, es läuft, flieszt, strömt, daher auch srva = sru, sru-ma, der Strom. Ebenso wurde auch sala, weitergebildet durch *va*, zu sala-va, synkop. salva = salba, Flüssiges, Flieszendes, und liefert so mittelst des betreibenden Verbalsuffixes *a* das Verbum salbaan = salbân, übergehend in salbôn, soviel als beflieszen, benetzen, bestreichen, namentlich bestreichen mit einer Flüssigkeit, wie Oel, oder Butter, Fett und dergleichen, also salben, schmieren, *unguere*. Vergl. Ulfilas, Luc. 7, 46: *Aleva haubid meinata ni salbôdes = Oleo caput meum non unxisti.*

Und so gehört denn wohl hierher, näher erwogen, auch das altd. salo = salaw, Genit. salawes, salwes, schmutzig, dunkel, schwarz, irsalwet, obscuratum, mittelhd. besulwet; dessgleichen das franz. *salope*, *salir*, besudeln, beschmutzen, wie auch das lat. *saliva*, Schleim, Speichel, Geifer, und wohl auch das goth. bisauljan, franz. *souiller;* letzteres wurzelt jedoch zunächst in sava, gleich sara, flieszen, weitergebildet durch das formbidliche *la*, sav-la = saula, saul-jan, daher auch die Sawe oder Sau, ein Flusz, wie die Sauer, contrah. Sûr, nebst Sûrburg.

Die in den vorgenannten Wörtern vorkommenden Suffixe *va*, *ba*, *pa*, haben hier, wie häufig auch anderwärts, dieselbe Bedeutung, vermöge welcher die neu- und altdeutschen Präfixe *be*, *bi*, *pi*, die Verbreitung einer Handlung auf und über das Object derselben bezeichnen, wie z. B. sal-ben soviel als be-salen, altd. smër-wan soviel als be-schmieren u. s. w.

Aug. Fick ist, wie aus seinem Wörterbuche der indogerm. Sprachen, 1871, S. 196, erhellt, geneigt das goth. salbôn, zunächst jedoch das alts. salbha, salbhôn, nebst dem angls. sealfian[1], mit dem sansk. sarp, sarpati, lat. *serpere*, griech. ἕρπειν, kriechen, gleiten und gehen, in Verbindung zu bringen. Allein vergleicht man die Ausdrücke für salben in den übrigen Sprachen, so ergibt sich, dass bei allen, deren Etymologie bereits bekannt ist, die Begriffe von benetzen und bestreichen vorwalten, mit denen sich jedoch die Begriffe von sarp, sarpati wie sie in serpere, serpens, samt repere, reptile, und ἕρπειν, ἑρπετός, samt ῥέπειν, wie auch in sanskr. rap, rapati, vorliegen, nicht wohl vereinbaren lassen. — Wilh. Wackernagel erinnert in seinem althd. Wörterbuche bei salp, neutr. salba, fem. an das griech. ἀλάβη, Oel, Schmiere, woraus er vielleicht nicht abgeneigt war in der Form von ἀλάβα, durch Vorschlag von *s*, ein salaba, synkop. salba samt salbôn entstehen zu lassen. Andere gehen in der Weise von Gust. Kissling, Kuhn'sche Zeitschrift, XVII, 202, aus von λίπα, Fett, Salbe, und suchen daraus durch Vorschlag von *sa* ein salipa, synkop. salpa samt salpôn zu gewinnen. Hinsichtlich des jedoch hin und wieder noch in Frage stehenden Vor-

[1] Wahrscheinlich der sogenannten Lautverschiebung zuliebe. Vergl. Beilage III.

schlags von *s* = *sa* vergleiche Curtius, Grundz. der griech. Etym., 1869, S. 58 samt Note, wie auch Das Geheimniss der Nasale, Leipzig, Fleischer, 1875, S. 37, wo die ganze Sippe von schicken und schenken, Schinke und Schenkel, wie geschehen, schon, Schacht, Schicht und Geschichte von gaghan, gehen, mit Vorschlag von *s* abgeleitet wird. Siehe auch Beilage II, 3.

Was das deutsche Salbader samt salbadern, Salbaderei u. s. w. betrifft, so könnte diesen Ausdrücken ganz wohl eine begriffliche wie lautliche Entstellung des bekannten Salbbader, *ιατραλείπτης*, zu Grunde liegen. Wie jedoch Weigand in seinem Wörterbuche berichtet, verdanken besagte Ausdrücke ihren Ursprung zunächst einem Bader Namens Kranach, der um das Jahr 1620 in Jena an einem Arme der Saale seine Badstube hatte, und daher nur der Saalbader hiesz, durch das fade Einerlei seines Geschwätzes aber den dortigen Studenten angeblich Anlass gab jeden Schwätzer der Art Saalbader zu nennen, was dann später zu Salbader geworden wäre. Auch schrieb Göthe noch « saalbaderisch ».

Ausser besagtem salbôn begegnen wir im Gothischen auch einem smeitan, gasmeitan, bismeitan, bestreichen, schmieren, wie unter andern bei Ulfilas, Joh. 9, 11, wo der von Jesus geheilte Blinde berichtet: *Fani gavaurhta ja bismait mis augona = Lutum fecit et mihi unxit oculos*[1]. Verwandt mit diesem weiter unten näher erörterten smeitan ist das Verbum smairan, gleichfalls soviel als bestreichen, schmieren, das sich bei Ulfilas jedoch nur

[1] Wie es scheint las Ulfilas im griech. Texte nicht μου, sondern μοι.

durch zwei abgeleitete Hauptwörter beurkundet: das erstere ist smairthr, Schmeer, Fett, Fettigkeit, wie die des Oelbaumes, πιότης τῆς ἐλαίας, Röm. 11, 17; das andere ist smarna, im Plur. smarnos, Phil. 3, 8, im Sinne des griech. σκύβαλά, was die Vulgata durch stercora, und Luther durch Dreck übersetzte.

II. Altdeutsche Ausdrücke.

Was das Salben bei unsern germanischen Urvätern, namentlich vor ihrer Bekanntschaft mit den Römern, betrifft, so beschränkte es sich wahrscheinlich auf das Schmieren ihrer Wagen und andrer Geräthschaften, wie auf gewisse mit Fett und Kräuterextracten zubereitete Heilmittel für äussere Schäden, Wunden und dergleichen. Noch unbekannt aber, und ihren Sitten wie ihrem Clima fremd, war ihnen gewiss jenes Salben mit wohlriechenden Oelen und Essenzen, wie wir es bei den Bewohnern der südlichen Gegenden finden, wo solche Dinge mitunter zur Stärkung der Haut und Erhaltung der Gesundheit dienen, und ihr Gebrauch nicht blosz bei Vornehmen und Reichen, sondern auch bei den Aermern zum Bedürfniss geworden. Daher auch kein Wunder, wenn, wie Reisende berichten, in Kairo oder Damaskus selbst der geringste Diener, der für irgend eine Leistung eine Gabe empfangen, diese als Salbgeld zu betrachten pflegt, und sich auch sofort in der nächsten Krämerbude ein wohlriechendes Oel oder Wasser dafür verschafft, während im europäischen Norden, namentlich in Deutschland, der Empfänger einer solchen Gabe sie vor allem als

Trinkgeld betrachtet, und auch am liebsten als solches verwendet.

Sehen wir uns nun um unter den Ausdrücken, welche im Alt- und Mittelhochdeutschen neben dem dem Gothischen entnommenen salbôn und salpôn vorkommen, so begegnen wir vor allen dem Verbum faistan mit seinen verschiedenen Formen, erfaistan, gefaistan, veizen, erveyzen, soviel als fettmachen, befetten, mit Fett bestreichen, unguere. So lautet z. B. die Stelle Psalm 23, 5, in den meisten Uebersetzungen vor Luther: Du hast meyn houbt mit öl gefaistet. Ebenso heiszt es daselbst im Holländischen: Ghy maekt myn hooft vet mit olye, während es im Englischen heiszt: Thu anointest my head with oil, im Litthauischen: Tu mostiji mano galvą aliejumi, und im Schwedischen: Du smörjer mitt hufwud med olijo u. s. w. — Daneben erscheint statt salben und faistan sehr häufig, wie im Schwedischen, auch im Hoch- und Niederdeutschen der Ausdruck smëran, schmeeren, schmieren, und zwar sowohl bei der Weihe eines Priesters als bei der Oelung eines Räderwerkes und der Zubereitung eines Wundpflasters. So liest man unter andern in Bugenhagen's Kirchenordnung von Hamburg, 1529, in dem Capitel von den denern des wordes: «Charakter indelibilis isz erdichtet, schmeren und scheeren helpet tho diszem ampte nicht.»

Was nun dieses schmeren oder schmeeren und schmieren, samt dem goth. smairan und smaitan, wie auch das deutsche smîtan, smizan und schmuzen, schmalzen und schmelzen, schmeichen und schmiegen, schmücken und schminken betrifft, so haben diese Wörter, gleich ihren Verwandten in den übrigen Sprachen, ihren gemeinsamen Ausgang in dem indogerm. sa-ma = sama, synkop. sma, zusammen, dahin, dazu, mit, und zwar in folgender Weise:

1. *Sma* erscheint vor allen im Griechischen in der Form von σμάειν, fut. σμήσω, und heiszt soviel als dahin, dazu thun, mit etwas belegen, bestreichen. Weiter gebildet mit dem Suffixe *gha* = χα, χειν, wurde σμάειν zu σμαχειν, σμήχειν, bestreichen, wischen, putzen, schmieren, salben, samt σμήγμα und σμῆμα, das Streichen, Reiben, Wischen, Schmieren, und was dazu dient, wie Fett, Seife u. dgl.

2. *Sma* mit dem Verbalsuffix *ja*, sma-ja, smaja-ti, zusammengehen thun oder machen, im Part. Perf. smaj-ta, daher smai-tan, goth. smeitan, bismaitan, mit etwas belegen, bestreichen, schmieren, wie Joh. 9, 11: bismait mis augona, für ἐπέχρισέ μου τοὺς ὀφθαλμούς. Vulg. *unxit oculos meos*.

3. *Sma* in der vorhergehenden Form von smaja, weiter gebildet mit *ra*, flieszen, wurde zu smaj-ra, smaira, zusammen flieszen, zerflieszen, liquescere, wie Fett, Butter und dergleichen; daher smaira, goth. smairan samt smairthr, althd. smëra, smërwa = smëro, Schmeer, samt smëran, smërwan, smirben, nach S. 6, beschmieren, schmieren, einschmieren, verschmieren, trop. anschmieren, wie auch schmoren, in Fett oder Butter verdämpfen. Vergl. angls. smeoru, Fett, norw. smiör, Butter, litth. smarsas, Fett.

4. *Sma* einfach verbunden mit *ra*, flieszen, wurde zu sma-ra, zusammen, dahin flieszen, daher im Griechi-

schen das Subst. *σμαρα*, *σμορα*, *σμύρα*, nebst *σμύρνα*, ohne *σ* mit verdoppelten *ρ*, *μύῤῥα*, der von selbst flieszende Saft eines Baumes in Arabien und Aegypten, woraus eine beliebte Salbe, *μύρον*, bereitet wird. Daneben bildete smara auch ein Adjectiv in der Form von *σμαρο*, *σμαρος* = *σμαλος*, mit Abfall des *σ*, *μαλός*, soviel als flieszend, flüssig, weich, zart, mild, sanft, weitergebildet mit dem Adjectivsuffixe *κα*, *μαλα-κα*, *μαλακός*, in gleichem Sinne, samt *μαλακίζειν*, *μαλάσσειν*, *μαλάττειν*, weich, mild, geschmeidig machen. Im Lateinischen ging wahrscheinlich *μαλακα*, synkop. *μαλκα*, über in *molca*, *mulca*, *mulce-re*, *mulsi*, *mulsum*, so wie das folgende *μελδειν*, *μελδα* assim. *μελλα*, in *molla*, *mollis*, *mollire*. Vergl. die dessfallsigen Meinungen von Benfey, Bopp, Corssen, Pott und andern bei Curtius, Grundzüge, § 457.

5. Das vorerwähnte *σμαρα*, *σμαλα*, wurde im Griechischen weitergebildet mit dem betreibenden Suffixe *δα*, *δειν*, thun, machen; daher *σμαλ-δειν*, mit Abfall des *σ*, *μαλδειν* = *μέλδειν*, mild, zart, weich, flüssig machen, schmelzen, liquefacere, daher wohl auch das deutsche mild, mildreich, mildthätig, Milde, mildern u. s. w.

6. Dasselbe indogerm. smara, das dem griech. *μαλός* und *μέλδειν* zu Grunde liegt, lieferte in gleicher Weise auch im Deutschen ein smal-tan, smaltjan, smeltan = smelzan, schmelzen, sowohl im Sinne von liquescere und liquefacere, als in dem von illinere, unguere; daher angls. smeltan, Prät. smolt, Schmalz, adeps eliquatus, und althd. smelzi, gismelzi, electrum, Schmelz. Vergl. spätlat. *smaltum*, ital. *smalto*, deutsch smalte,

Schmelzwerk verschiedener Art, franz. *esmal, émail, émailler.*

7. Das N° 2 erwähnte smaja wurde im Deutschen weitergebildet durch das Suffix *gha* = *cha* zu smaicha, smaichan, smeichen, geschmeidig, schlicht, glatt machen durch Streichen, Bestreichen; daher die Schmeiche, Schlicht oder Kleister, womit die Weber ihren Aufzug oder Zettel bestreichen, um die Fasern der Fäden zusammenzulegen und das Ganze schlicht und glatt zu machen; daher auch schmeicheln, sich anschmiegen, streicheln, liebkosen, durch glatte Worte Jemand zu gefallen suchen, im Elsass «de Kuzze stryche»; dessgleichen das alt- und mittelhochdeutsche smiogan, smiegen, von smaigha mit Ausfall des *h* smaiga, reflex. sich schmiegen, geschmeidig biegen, fügen, anschlieszen, im Prät. smog = smok, smuk, daher das Adject. schmuck, anschlieszend, nett, zierlich, reinlich, schön, und mit dem Verbalsuffix *a*, smuka, schmukan, schmucken, der Schmuck, wie auch schmiken, nasalirt, schminken, die Schminke.

8. Das N° 2 erwähnte smaitan erscheint im Angelsächs. in der Form von smîtan, Prät. smot, smu', alth. smîzan, smoz, smuz, daher mit dem Verbalsuffix *a*, smuza, smuzan, schmutzen, der Schmutz, Schmiere, unreine Fettigkeit, auch Koth. Was den Ausdruck schmuzen betrifft, so erscheint er namentlich im Elsass sowohl im Sinne von küssen, *osculari*, als auch im Sinne von fettmachen, schmelzen, *unguere*, wie ein Gemüse, eine Suppe schmuzen; dessgleichen wird Schmuz sowohl für Kuss (Schmizzel, ein Mäulchen) als für Fett, nament-

lich Butter oder Anke, gebraucht. Vergl. *Pfingstmontag*, ein Lustspiel in Strassburger Mundart, I, 2:

'Sisch e narrechdi Sproch disz Hochdytsch;
E Schmuz haiszt dert e Kuss.

III. Griechische Ausdrücke.

Bei den Griechen, bei welchen das Salben mit wohlriechenden Oelen und Essenzen schon sehr früh vorkommt, und die kostbarsten Salbstoffe aus Syrien, Palästina, Arabien und Aegypten im Gebrauch waren, begegnen wir ausser dem schon erwähnten *σμάειν* und *σμήχειν* auch einem *λιπάειν*, *λιπάζειν* und *λιπαίνειν*, gleich dem sanskr. *lip*, *limpati*, im Sinne von benetzen, befetten, schmieren, salben, neben welchem in gleicher Bedeutung auch ein *ἀλείφειν*, *ἐλαιόειν* u. s. w. erscheint.

Was nun vorerst die beiden zuletztgenannten Verben betrifft, so ist *ἐλαιόειν* bekanntlich nichts anders als ein Denominativ von *ἔλαιον*, Baum- oder Olivenöl, und heiszt daher auch zunächst nichts anderes als beölen, mit Oel bestreichen, während jedoch *ἀλείφειν* wohl noch mehr als eine Deutung seiner Herkunft zulässt. So ist unter andern Gust. Kissling, Kuhn'sche Zeitschrift, XVII, 202, geneigt für dasselbe ein Compositum von *σα* und *λειφα* in der Form von *σαλειφα* anzusetzen, woraus er durch Abwurf des anlautenden *σ* *ἀλείφα* samt *ἀλείφειν* entstehen lässt, wie er denn auch in dem goth. *salbôn* nichts anders als eine Synkope von *sa-libôn* erblickt. Indessen sind die meisten Sprachforscher so ziemlich einig, *ἀλείφειν* mittelst des im Griechischen beliebten prosthetischen *α* von einem mit *λίπα*, Fett, verwandten *λιφα* abzuleiten, indem sie annehmen, dasz dieses *λιφα* durch sogenannte Vocalsteigerung zu *λειφα* geworden, und so *ἀλείφα* samt *ἀλείφειν* entstanden seye. Vergl. *ἀλείφα*, *ἀλείφαρ*, *ἀλείφη*, *ἀλοίφη*, *ἄλειμμα* und *ἄλειμα*, alles gleich *λίπα*, *λίπος*, Fett, Salbe, samt *λιπαρός*, fett, schlüpferig, glänzend, *ἀλείπτρον* und *μυραλείπτρον* = *ἀλάβαστρον*, Salbgefäsz, *αλειπτήριον*, Salbgemach, *ἀλείπτης*, Salb-, Ring- und Fechtmeister u. s. w.

Was aber den Ursprung sämmtlicher vorgenannten Ausdrücke mit und ohne anlautenden Vocal betrifft, so haben sie ihre gemeinsame Wurzel in letzter Instanz wohl in dem indog. *ra* = *la*, mit geschwächtem Vocal *ri* = *li*, soviel als flieszen. Weiter gebildet mit dem betreibenden Suffixe *ja* wurde *la* = *li* zu *laja* = *lija*, beides verkürzt und contrahirt zu *lî*, was jedoch bei eintretender Flexion, wieder anknüpfend an die ursprünglichen Elemente, bald als *lajati*, bald als *lijati* erscheint; vergl. sansk. *dî*, *dajate* = *dijate*, fliegen; *pî*, *pajate* = *pijate*, schwellen, strotzen; *rî*, *rajati* = *rijati*, flieszen u. s. w.

Gehen wir nun behufs der Erklärung besagter Ausdrücke zunächst aus von dem einfachen *li*, und lassen wir es sich weiterbilden mit *pa* in dem Seite 6 erwähnten Sinne, so erhalten wir, wie im Sanskrit *li-pa*, *lipati* = *limpati*, auch im Griechischen *λίπα*, *λιπάειν*, *λιπάζειν*, *λιπαίνειν*, samt *λίπος*, *λιπαρός* u. s. w. Daneben gestaltete sich das contrahirte *lî* = *laja*, weitergebildet mit *va*, zu *laj-va*, *laiva*, flüssig, netzend, schmierig seyn, woraus dann sowohl das lat. *laivis* = *lævis*, schlüpferig, fett, glänzend, als auch das griech. *λαιϝα* in gleicher Bedeutung hervorgegangen[1]. Mit Prosthesis von α wurde letzteres zu αλαιϝα, durch Uebergang von α in ε zu ελαιϝα, und durch Ausfall des häufig schwindenden Digamma zu ἐλαία, was dann als Subst. fem. den Fett- oder Oelbaum, *olea*, vor allem aber dessen Frucht, *oliva*, und dann in der neutralen Form, ἔλαιον, auch das Fett oder Oel dieser Frucht bezeichnet.

Vergleicht man die übrigen europäischen Oelnamen, wie goth. aleva = alaiva, lat. *oleum* = *olivum*, litth. alëjus, ital. olio, altsl. mit Vorschlag von *j*, jelej, althd. olei, angls. ele, engl. oil, neuhd. Oel u. s. w., so ist wohl nicht zu verkennen, dasz alle diese Wörter, gleich ἔλαιον, ihren gemeinsamen Ausgang in dem ältern griech. αλαιϝα haben, und dasz sie die Verschiedenheit ihrer Formen nur ihrem mehr oder minder harten Kampfe um das Daseyn verdanken. Gern hätten wir aus demselben αλαιϝα in der Form von αλειϝα, durch Uebergang von ϝ in φ, auch das oben erwähnte ἀλείφα samt ἀλείφειν erklärt, worauf wir jedoch vorerst verzichtet Angesichts der Bedenken, welche Curtius, S. 549, gegen jenen Lautwandel erhoben[2]. Indessen trug er selbst, § 340, kein Bedenken besagtem ἀλείφα das lat. *adeps* zu «entlehnen», indem er lat. *d* für griech. λ, und so *adeps* für *aleps* gelten liesz, was auch schon F. W. Riemer

[1] Nach W. Scherer, zur Gesch. der deutschen Sprache, S. 27 und 479, hätte sich schon in einer Urepoche der Sprachbildung *ai* aus aus älterem *i*, wie *au* aus älterm *u*, entwickelt.

[2] Dasz λαιφός von λαιϝος = λαιός zu trennen, will uns jedoch nicht einleuchten, weder nach S. 549, noch nach § 533. Auch sind wir nicht abgeneigt, hier wie anderwärts statt des einfachen Suffixes ϜΑ, ϜΟΣ, ursprüngliches ϜΗΑ, ϜΗΟΣ, indog. *vha*, *vhas*, zu vermuthen. Vergl. Beilage II, bhaja, bhara, bhraga u. s. w.

in seinem griech. Wörterbuch, 1823, gethan[1]. Aug. Fick, S. 340, geht hier aus von ὀπός, lat. *op*, Saft, Fülle, Fett, und lässt daraus, durch Vorschlag von *ad*, *ad-op-s*, *adeps* entstehen, was aber freilich auch noch des nähern Nachweises bedarf. Vielleicht lässt sich eher von indog. *ada*, *ada-ti*, synkop. *ad-ti* = *atti*, essen, mit dem causativen *pa*, *adapa*, *adapa-ti*, essen machen, füttern, mästen, fettmachen, so etwas wie *adapas*, *adeps*, erwarten; vergl. unten die analoge Entstehung von Fett.

Uebrigens gebrauchen die Griechen bei ihren Salbungen ausser den erwähnten Ausdrücken sehr häufig auch μυρόειν samt μυρίζειν, und χρίειν samt χρίζειν. Die beiden ersteren sind wohl Denominative von μύρον, einer vielbeliebten Salbe, welche aus dem gummiartigen Safte, σμύρνα oder μύῤῥα, eines unserer Akazie ähnlichen Baumes, namentlich in Arabien und Aegypten, gewonnen wird; vergl. hebr. *mar*, *mor*, Myrrhe, von *marar*, flieszen; griech. μύρειν, indog. *smara*. Was die beiden andern, χρίειν und χρίζειν, betrifft, so bedeuten sie zunächst soviel als berühren, bestreichen, namentlich mit Tünche, Farbe oder Oel bestreichen; daher denn χρίσις, das Anstreichen, Salben, χριστός, der Gesalbte, χρίστης, der Anstreicher, χρίσμα, das Aufgestrichene, Tünche, Farbe, Oel, auch das heilige Oel (Chrisam), das in der

[1] Statt bei derartigen Wörtern sofort eine unorganische Lautvertretung zu statuiren, sehen wir uns vorerst lieber um nach einer lautgemäszen Ableitung derselben, wie z. B. bei δάκρυμα und *lacryma* = *lacruma*: jenes von δάκειν, beiszen, stechen, dieses von *lacere*, *lacerare*, beiszen, reiszen, und beides in Verbindung mit ῥύμα=*ruma*, Flusz, wie denn auch die Thräne vor allem, eine beiszende, stechende, namentlich salzige Flüssigkeit bildet.

griech. und röm. Kirche bei Weihesalbungen gebraucht wird. Seiner Herkunft nach ist χρίειν wohl zunächst eine Metathese von einem ältern χίρειν, χείρειν, ebenbürtig mit χίρ = χείρ, von indog. *ghar* = *ghra*, was sowohl dem Begriffe von besprengen, benetzen, als dem von berühren, bestreichen, mit der Hand darüberfahren, entspricht, und sonach die beiden Begriffe repräsentirt, welche auch anderwärts den Ausdrücken für die Handlung des Salbens zu Grunde liegen; vergl. Curtius, § 201, und S. 478 f. Schlieszlich sey noch bemerkt, dass χρίζειν namentlich bei den sogenannten Weihesalbungen gebraucht wird, während bei dem ärztlichen und diätetischen Salben meistens ἀλείφειν, λιπαίνειν u. s. w. erscheinen. Ueber das homerische Salben namentlich der Gäste, vergl. Odyss. III, 466; VIII, 455; X, 364 u. s. w.

IV. Lateinische Ausdrücke.

Obgleich die Römer oder Lateiner auf dem Gebiete der Sprache, wie auf dem der Hauptgeschäfte und Hauptbedürfnisse des Lebens, sich einer reichen Gütergemeinschaft mit den Griechen erfreuen, so sind sie jedoch meistens, was die Handlung des Salbens betrifft, ihre eigene Wege gegangen. Wie die Griechen haben auch sie die Ausdrücke, die sie beim Salben gebrauchen, grösstentheils sich selbst gebildet, völlig unabhängig von ihren Stammgenossen, wahrscheinlich weil zu der Zeit, da sie noch in der gemeinsamen Heimath bei einander wohnten, der Gebrauch des Salbens, wenigstens der des religiösen, diätetischen und kosmetischen, ihren Sitten und Bedürfnissen, gleich denen der alten Germanen, noch fern lag. Und zu diesen nicht gräco-italischen Bildungen gehört denn wohl vor allen auch jenes unguere, oder *ungere*, das, wie in den Blüthentagen von Rom, auch heute noch bei allen romanischen Stämmen eine Hauptrolle spielt.

Gehen wir nun bei der etymologischen Erörterung dieses *unguere* aus von der Grundbedeutung der meisten Ausdrücke für das Salben, so wurzelt dasselbe wahrscheinlich in dem indog. *va*, das nach Aug. Fick, S. 1039, sowohl wehen, gehen und treiben, als auch quellen, fliessen und netzen u. s. w. bedeutet. Weitergebildet mit dem betreibenden Suffixe *gha* wurde dieses *va* zu *va-gha*, *vagha-ti*, oder mit Ausfall des häufig schwindenden *h* zu *vaga*, *vaga-ti*, fliessen, netzen, und bildete so eine Nebenform von dem bekannten sanskr. *vadha*, *vadha-ti*, mit *Samprasârana*, *udha*, *udha-ti*, oder mit Ausfall des *h*, *uda*, *uda-ti*, gleichfalls fliessen, netzen, daher auch im Part. Perf. Pass. *vadna*, mit Metathese des *n*, *vanda* = *unda*, Wasser, namentlich fliessendes. Ganz auf dieselbe Weise wurde auch besagtes *vagha* in der Form von *vaga* zu *vag-na* = *vanga*, fliessend, netzend, was sich dann durch Anschluss von *va* (nach Seite 6) zu *vang-va*, befliessen, benetzen, und mit Uebergang von *va* in *u* zu *ungva*, gestaltete; daher denn lat. *ungvo* = *unguo*, *unxi*, *unctum*, *unguere*, verkürzt *ungere*, soviel als benetzen, bestreichen, und dann mit Fett oder Oel bestreichen, schmieren, salben; daher *unctio*, Salbung, *unguen*, *unguentum*, Salbe, Schmiere, *vas unguentarium*, Salbgefäsz. Vergl. ital. *ungere*, *ugnere*, *unguentare*, salben, *ugnimento*, Salbung, *unto, unguento*, Schmiere, Salbe, *unguentario*, der Parfumeur; franz. *oindre*, salben, *onction*, Salbung, Weihe, *onguent*, Schmiere, Salbe, *oignant*, salbend, *nous oignons*, wir salben, mit Versetzung des Nasals an seine primitive Stelle, wie in *rogner, ronger* u. s. w.

Corssen, Beitr. zur lat. Formenlehre, S. 67, 68, glaubt bei *unguere* bemerken zu müssen, dass das im Auslaute dieses Wortes vorkommende *u* «ein aus *g* entwickelter, dem *u* ähnlicher labialer Nachklang» seye, also so etwas wie ein Schmarotzergewächs, und dasz gleichwohl im Sprachgebrauch *unguere* älter seye als *ungere*, wobei er sich auf Cato, Varro, Plautus, Lucretius u. s. w. beruft. Was übrigens die von uns für *unguere* angenommene Grundform *vagha, vaghati*, betrifft, so ist die darin vorkommende sogenannte Aspirate *gh* nichts anders als ein consonantischer Doppellaut, der dadurch entstand, dasz das Urverbum *gaha* = *gâ*, gehen, treiben, durch Ausfall des Wurzelvocals zu *gha* geworden, das nun häufig als betreibendes Verbalsuffix gebraucht wird[1]; gewöhnlich erscheint besagtes *gh* im Sanskrit als *ç*, sowie im Griechischen als *χ* und im Deutschen als *ch*, *ck*, reducirt sich aber auch häufig, bald auf das einfache *g*, bald auf das einfache *h*, und geht dann meistens über in *c* oder *k*, falls es nicht spurlos verschwindet, wie z. B. indogerm. *ghansa*, griech. *χήν*, urspr. *χηνς*, sanskr.

[1] Besagtes Urverbum entstand aus der Wurzel *ga*, gehen, durch Anschluss des betreibenden Verbalsuffixes *a*, in der Form von *gaa*, was jedoch schon sehr früh zur Vermeidung des Hiatus durch den Bindehauch *h* in *gaha* übergegangen und dann durch Synkope zu *gha* geworden. Vergl. Beilage II.

hamsa oder hāsa, böhm. hus, nord. gås, engl. goose, altsl. gasi, althd. cans, kans, lat. ohne *h* anser, die Gans.

Bei dem Schmieren oder Bestreichen eines Gegenstandes mit Fett oder Oel, um denselben schlüpferig, glatt und geschmeidig zu machen, wie auch beim Anstreichen mit Farbe oder Tünche, gebrauchen die Lateiner das dem griech. *λίνειν*, *λείνειν*, *ἀλίνειν*, *ἀλείνειν*, entsprechende lîno, *lîvi* oder *lêvi*, *lîtum*, *lînere*; *illinere*, *collinere*, *oblinere*, samt *linîre*. Daher denn auch die Hauptwörter *linimen*, *linimentum*, *illinimentum*, Schmiere, Salbe, samt *liquamen* von *liquêre*; dessgleichen die Participialgebilde von *lîno*, *lîtera*, *lîtura*, samt *lîtus*, oder *littus*, *littoris*, gleich *ripa*, das vom Wasser bespülte Fluss- oder Meeresufer, nebst *lînea*, Strich, *lîmus*, Schleim, Schlamm, Lehm, auch *limpidus*, aber freilich in andrer Bedeutung. Alle diese Wörter wurzeln gleich den entsprechenden griechischen Ausdrücken, theils in *li* = *la*, theils in *lî* = *laja*, flieszen, worin wohl auch die Namen so mancher unserer deutschen Flüsse, wie Lahn, Leine, Lenne, Lippe, Lech, Laibach, u. s. w., sammt der einfachen Lache oder Pfütze, ihren Ausgang haben. Billig rechnen wir hierher auch das schon oben bei *laiva*, griech. *λαιϝα*, Stammform von *ἔλαιον*, erwähnte laevis, schlüpferig, glatt, samt *lævor*, Glätte, und *lævare*, *lævigare*, schlicht, glatt, hell, blank, glänzend machen, poliren. Vergl. Horat. *lævis juventas*, Virg. *pocula lævia*. Dasz auch *læva manus*, *λαιϝα* = *λαιὰ χείϱ*, hieher gehöre, wie Riemer und andere wollen, ist wohl nicht in Abrede zu stellen. Schlieszlich bemerken wir noch, dasz im Lateinischen beim Schmieren und Salben häufig auch das weiter unten bei *faistan* erörterte pinguare und *impinguare*, gebraucht wird, z. B. Vulg. Psalm 23, 5: *Impinguasti in oleo caput meum*, nach der neuesten franz. Uebersetzung von Dr. Reuss: *Tu parfumes d'huile ma tête.*

V. Sanskrit-Ausdrücke.

Das Sanskrit oder Altindische, das gleich den europäischen Hauptsprachen eine Tochter der gemeinsamen asiatisch-europäischen oder indogermanischen Ursprache ist, gebraucht unter andern für Schmieren und Salben zwei von *ri* = *li*, flieszen, netzen, abgeleitete Verben, nemlich: rip, rimpati und lip, limpati, beide soviel als benetzen, bestreichen, schmieren, kleben, mitunter auch besudeln und anschmieren im Sinne von betrügen, franz. *flouer*; daher auch *rip*, Kniff, Betrug, *ripu*, Betrüger, Feind, *repas*, Schmutz, *lepas*, *lepana*, Schmiere, Salbe. Was die Stammformen der beiden Verben betrifft, so lautete *rip* ursprünglich *ri-pa* = *ripa*, (nach S. 6), was sich dann durch Gemination des *p* zu *rippa* = *rimpa*, oder in der Participialform von *ripna* durch Vorsprung des *n* zu *rinpa* = *rimpa* gestaltete, und so *rimpa-ti* absetzte; gleiches geschah bei *lip-*, *limpa*, *limpa-ti*.

Daneben erscheint, jedoch in reinerem Sinne, das Verbum anǵ-, anǵati, sprich andsch, andschati, gleichfalls benetzen, bestreichen, schmieren, salben. Wahrscheinlich ist dieses *anǵ* = *anǵa* seiner Grundbedeutung nach, gleich dem lat. *unguere*, eine Entfaltung von *vagha*, *vaghàti*, das in der verkürzten Form von *vag-* = *ug-* weitergebildet mit dem desiderativen oder inchoativen *sha*, *ugsha* = *uksha*, *ukshati*, träufeln, benetzen, besprengen, absetzte[1]; vergl. Aug. Fick, S. 23, 1039, 1077. Im Part. Perf. Pass. oder weitergebildet mit dem Nominal- und Participialsuffixe *na*, wurde besagtes *vag-* zu *vagna*, benetzt, bestrichen, durch Metathese zu *vanga*, und durch Abfall des im Anlaut häufig schwindenden *v* zu *anga*; daher denn das Verbum *anga*, *anga-ti*, mit Anschluss von *va*, *ang-va*, *angva-ti*, was dann im Sanskrit durch Palatalisirung des Auslautes überging in *anǵa*, *anǵati*, bestreichen, schmieren, salben, schmücken, verherrlichen, glatt, glänzend machen, samt *anǵas*, das Gleiten, Glittschen, *anǵasâ*, stracks, alsbald, *anǵana*, das Schmieren, Salben, und *aktu*, statt *anktu*, die Salbe, auch Farbe, Glanz, Licht. Das neben *anǵati* vorkommende *anakti* ist wohl ein Nachklang des ältern einfachen *anga*, *angati*, das in der reduplicirten Form *an-anga* mit Wurzelkürzung überging in *anaga*, *anagti* = *anakti*, wie das Substant. *anaktu* in *anktu* und *aktu*, zend *akti*, Schmeer, Salbe, wohin denn auch das goth. *anaks*, sogleich, plötzlich, (wie auf schlüpferigem Wege) griech. ἐξάπινα, ἐξαίφνης, *statim*, *subito*, gerechnet wird. Ganz auf dieselbe Weise wurde auch das von den Sprachforschern gewöhnlich bei *anǵ-* besprochene *naç-*, urspr. *nagha*, in der reduplicirten Form

[1] Daher im Part. Präs. *ukshant*, männl. *ukshan*, der Ochs, oder der Stier, dem weiblicherseits das Rind entspricht. Letzteres ist nemlich eine Ableitung von dem indogerm. *ri-nan*, flieszen, *rin-jan*, netzen, *gh-rinjan*, besprengen, im Part. Präs. *ghrini-da*, synkop. *ghrinda*, neutr. *ghrind*, das Besprengte, goth. und althd. mit Abfall des *g*, *hrind*, neuhd ohne *h*, *rind*, das Rind, die Kuh. Vergl. die Etymologie dieses Wortes bei Weigand, Wörterbuch, 1875, und Curtius, § 50, dessgleichen die von Kuh in der Beilage III.

nanaça durch Wurzelkürzung zu *nança*, lat. *nancisci*. Vergl. Das Geheimniss der Nasale, Leipzig, Fleischer, 1875, S. 13, über besagte Wurzelkürzung, und in Betreff der Palatalisirung von *gv* S. 42, oder hier unten Beilage IV.

Aug. Fick, S. 967 und 1019, geht bei Erörterung von *anǵ-*, aus von *ag*, *ang*, ohne jedoch dessen Herkunft und ursprüngliche Bedeutung näher anzugeben, sich beschränkend auf die Bemerkung: « Aus *ang* vielleicht *nag*, in *nagna*, nackt, eigentlich blank, *nig*, waschen, spülen ». Ernst Windisch bespricht in der Kuhn'schen Zeitschr., XXI, 406—421, sehr vielseitig *ank* (*anǵ*) und *naç*, lässt aber gleichfalls dessen Ursprung und Grundbedeutung unerörtert. Dagegen scheint Pott, Etym. Forschungen, I, I, S. 235, wie wir, auszugehen von *vag-* = *ug-*; wenigstens ist er geneigt *ug-* mit *anǵ-* und *unguere* in Verbindung zu bringen, was jedoch Curtius, § 158, ablehnt, ohne seine Ablehnung weiter zu begründen. — Andere, welche im Lateinischen keine älteren Formen als die im Sanskrit vorkommenden gelten lassen, leiten *ungo*, *ungit*, allernächst ab von *anǵ-*, *anǵati*, und erblicken in *un-* blosz eine Verdunkelung von *an-*, wozu es jedoch unter den mit *un* anlautenden Wörtern noch an einem sichern Analogen gebricht, wie denn z. B. *uncus*, *ad-uncus*, nicht von sanskr. *ankà*, sondern gleich diesem von *vanka*, gebogen, krumm, durch Abfall des *v*, *anka*, und durch Uebergang von *va* in *u*, *unka* abzuleiten ist. Vergl. Beilage I, Anmerk. 1.

VI. Hebräische Ausdrücke.

Zwar gehen die semitischen und indogermanischen Sprachen, was die Wortbildung wie die grammatischen Formen betrifft, weit auseinander, daher auch die Frage hinsichtlich ihrer Verwandtschaft von der neuern vergleichenden Sprachforschung bis jetzt wenig beachtet wurde. Indessen hat diese Frage neuerdings, namentlich in Dr. Rudolf von Raumer einen so gründlichen als warmen Vertreter gefunden (siehe Kuhn'sche Zeitschrift, XXII, 235 ff.), dasz es uns wohl erlaubt ist, unsere Vergleichung der Ausdrücke für das Salben in den Hauptsprachen des Morgen- und Abendlandes auch auf das Hebräische zu erstrecken. Doch beschränken wir hier unsere Untersuchung, wie billig, auf den begrifflichen Inhalt und die ursprüngliche Bedeutung der fraglichen Ausdrücke, wobei wir hoffentlich derselben Erscheinung begegnen, die wir die Freude hatten bei unsern bisherigen Erörterungen auf dem Gebiete des Salbens zu constatiren. Es ist diesz nemlich die in etymologischer wie nicht minder in psychologischer Beziehung interessante Thatsache, dasz den Ausdrücken für die Handlung des Salbens in den verschiedensten Sprachen, auch bei den verschiedensten lautlichen Elementen, meistens doch dieselben Begriffe, namentlich die von benetzen und bestreichen, zu Grunde liegen.

Und da begegnet uns denn im Hebräischen ganz erwünscht vor allen der Ausdruck maschach, ein Verbum, das gleich dem griech. χρίειν, χρίζειν, zunächst soviel bedeutet als streichen, bestreichen, mit der Hand darüber fahren, und dann auch mit Fett oder Oel bestreichen, salben, dessgleichen messen, ein Maasz anlegen, daher auch theilen, austheilen, wie sanskr. mâ, mâti und mâna, lat. *manus*. Auch ist dieses Verbum, gleich *χρίζειν*, dasselbe, das bei der Weihe der Priester, Propheten und Könige, wie bei der Einweihung heiliger Orte und Gefäsze gebraucht wird; vergl. 2 Mos. 28, 41, 3 Mos. 8, 11 und König. 19, 15. Daneben heiszt die Handlung des Salbens *mischchah* (*χρίσις*), sowie der Gesalbte, Hohepriester, König, *maschiach;* vergl. Messias und Christus, Luc. 4, 18.

Der bei dem Salben gewöhnlich gebrauchte Stoff, *schemen*, Plur. *schmanim*, hat seinen Namen von schaman, fett seyn, befetten, (*σμάειν* = *σαμάειν*), und bedeutet daher soviel als Fett, Fettigkeit jeder Art, animalische und vegetabilische, namentlich jedoch die des Oelbaumes, « welche Götter und Menschen preisen », Richt. 9, 9; daher auch *schemen hamischchah*, Salböl, und *schemen mischchat kodesch*, das heilige Salböl (*χρίσμα*), das nach 2 Mos. 30, 23 ff. aus *Schemen sait*, Olivenöl, und *mor dror*, von selbst ausgeflossene Myrrhe, nebst andern wohlriechenden Specereien bereitet wurde[1]. Laut 2 Mos. 30, 26 ff. war dieses Oel ausschlieszlich zu heiligem Gebrauche bestimmt, und jeder andere Gebrauch desselben auf's strengste verboten. Was die Salbung der

[1] Vergl. zu *mor dror* das alts. *drôr*, angls. *dreor*, althd. *trôr*, flieszendes Blut, samt *trôrjan*, flieszen, gieszen. Im Aegyptischen heiszt dieses *mor sal*, was im Sinne von flieszen dem indog. *sar* = *sal* entspräche. Das hebr. *pheder*, Fett, Schmeer, das dem isländ. *feitr*, wie dem deutschen *Fett* entspricht, wurde, wie es scheint, beim Salben nicht gebraucht.

Priester betrifft, so wurde nach einer Tradition der Juden besagtes Oel nur dem Hohenpriester auf das Haupt gegossen, den übrigen Priestern aber blosz die Stirn damit bestrichen, ein Unterschied, von dem jedoch in der Stiftungsurkunde der Priesterweihe, 2 Mos. 40, 12 ff., nichts vorkommt. Vergl. Bähr, Symbolik des hebr. Cultus, II, 166 ff.

Neben *maschach* erscheint im Sinne von schmieren und salben auch ein Verbum daschan, gleich *schaman*, fett seyn und fett machen; so heiszt es z. B. Psalm 23, 5: *Dischanta b'schemen roschi*, nach den Septuag. *Ἐλίπανας ἐν ἐλαίῳ τὴν κεφαλήν μου*, ein bildlicher Ausdruck für himmlischen Segen in irdischen Gütern. Ferner gehört hierher auch saphach, begieszen, salben, zum Könige machen, 1 Sam. 2, 36; deszgleichen nasach, nässen, netzen, begieszen, samt dem verwandten such, das jedoch nur von dem mit dem Waschen und Baden verbundenen Salben gebraucht wurde. 2 Sam. 12, 30.

Die berühmte heilkräftige Salbe in Gilead, Jerem. 8, 22, 46, 11, welche aus dem Saft oder Harze der Balsamstaude, *basam* oder *bosem*, bereitet wurde, heiszt *zari*, und hat ihren Namen von *zarah*, träufeln, flieszen, ähnlich dem indog. *sara*, *sarati*. Dahin gehören auch die wohlriechenden Essenzen *basamim*, die einen Theil der *tamrukim*, oder Salben, bilden, welche nach Esther 2, 3, 9, während der 12monatlichen Vorbereitung der Jungfrauen zur Aufnahme in das Harem des Königs zu Susa gebraucht wurden. Was das Salbgefäsz betrifft, so heiszt es bald *asuch*, von *such*, salben, 2 König. 4, 2, bald *merkachah*, Job 41, 23, von *rak*, *rakak*, gleich dem sanskr. *raç*, *riç*, zerstoszen, kleinmachen, zermalmen, daher *rakach*, Würze und Salbe bereiten, 1 Chron. 9, 30. Sonderbar, dasz die Septuag. *zalachat*, gewöhnlich Schale, Schüssel, an der Stelle 2 König. 21, 13 durch *ἀλάβαστρος* übersetzten. Oder haben wir hier vielleicht blosz eine Uebertragung des hebräischen Bildes von der Zerstörung Jerusalems in das griechische: Ich will Jerusalem ausschütten, wie man eine Salbflasche ausschüttet? — Vergl. Mark. 14, 3. Daher wohl auch in der Vulgata das lateinische Bild: Ich will Jerusalem wegwischen, wie man eine Schreibtafel abwischt.

VII. Animalische Salbstoffe.

Schlieszlich auch noch ein Wort über einige Namen animalischer Stoffe, welche, ausser den schon genannten, beim Salben gebraucht werden, wie lat. *pinguis*, *pingue*, griech. *πῖος*, *πῖον*, *πῖαρ*, *πεῖαρ*, sanskr. *pîva*, *pîvas*, deutsch Fett, Speck u. s. w. Wahrscheinlich haben die Namen dieser Substanzen, die in den nördlichen Gegenden die Stelle des Oeles vertreten, in den meisten indogerm. Sprachen ihre Wurzel in *pâ*, griech. *πάειν*, waiden, nähren, füttern, das in der verkürzten oder Wurzelform *pa* durch Anschluss des betreibenden *gha* sich zu *pagha*, *pagha-ti*, soviel als das Waiden betreiben, fleiszig, regelmäszig waiden, gestaltete; daher denn im Part. Perf. Pass. *paghna*, wohlgewaidet, gemästet, fett, was dann durch Metathese des Nasals *pangha*, so wie durch Anschluss von *va pangh-va* absetzte, und im Lateinischen, mit der gewöhnlichen Reduction von *gh* auf *g*, überging in pangva = *pengue, pingue, pinguis*, Fett, samt *pinguĕre, pinguescere, impinguare*, befetten, schmieren, salben. Im Griechischen wurde besagtes *pagha* in der erweiterten Form von *pagh-va*, ganz regelrecht zu *παχϝος*, das dann überging in *πάχος* und *παχύς*, fett, feist, dick, stark, daher auch *παχύνειν*, dick, fett, feist machen, und *παχύ-νους*, *crassa Minerva*. Was das verwandte *πιαίνειν* samt *πῖος*, *πῖαρ* und sanskr. *pîva* betrifft, so sind diese Wörter wohl zunächst von dem indogerm. *pî*, *pajate* = *pijate*, schwellen, strotzen, und in letzter Instanz, gleich *pinguis* und *πάχος*, von dem einfachen *pa* = *pi* abzuleiten. Vergl. Aug. Fick, S. 125, und Curtius, § 363, wo man jedoch hinsichtlich des Nasals wie des Gutturals in *pinguis* noch nicht im Klaren ist.

Ob das vorerwähnte *pagh-*, bevorschlagt mit *s* = *sa*, *spagh* = *spach*, dem altd. spech, spek, angls. *spic*, neuhd. Speck, *adeps*, *arvina*, zu Grunde liege, lassen wir unentschieden. Vielleicht ist dieses Wort gleich dem altd. spint, spind, ebenfalls Fett, Speck, eine Ableitung von *pâ*, bevorschlagt mit *s* = *sa*, *spâ*, *spâ-ti*, *spâjati*, sich ausdehnen, schwellen, gedeihen, dick, fett, stark werden, das im Part. Präs. Act. *spânt* = *spînt* liefern könnte, so wie es weitergebildet mit *ka* im Lettischen *spêkas*, Kraft, Gewalt, absetzte; vergl. Aug. Fick, S. 216.

Dagegen tragen wir kein Bedenken, aus demselben *pagha* durch Anschluss von *va* auch ein substantives paghva im Sinne von Vieh, als das Waidende, oder das Gewaidete, entstehen zu lassen; wenigstens gestaltet sich dieses *paghva* im Sanskrit ganz regelrecht zu *paç-va* = *paçu*, Genit. *paçvas* = *paçôs*, wie im Litthauischen zu *peku* und im Lateinischen zu *pecus*, «*omne animal quod sub imperio hominis pabulo vescitur*». Vergl. das indogerm. *pa*, waiden, neben seinen weichern Nebenformen, *va*, *vo*, *ba*, *bo*, weitergebildet mit dem inchoativen *sha* = *sco*; daher im Lateinischen *pasco*, *pavi*, *pastum*, *pascere*, samt *pascuum*, *pastor*, *pastura*, neben *vescor*, *vesci*, samt *vesca*, vielleicht auch *esca*, und *voro*, *vorare*, samt *vorax*; dessgleichen im Griechischen *βόσκειν*, samt *βοσκή*, *βόσκημα*, *βόσις*, nebst dem einfachen *βόειν*, samt *βοϝος*, mit Ausfall des Digamma, *βόος* = *βοῦς*, lat. *bos*, *bovis*, das Vieh, namentlich das Rindvieh, daher auch wahrscheinlich *βοάειν*, *boare*, machen, schreien wie das Vieh, was jedoch Aug. Fick, S. 1035, von einem Tonworte *ba*, *bu*, ableitet. Ferner ist hier zu vergleichen das indogerm. *pa*, *pagha*, und das griech. *πο*, *ποjειν*, beides soviel als das Waiden betreiben, samt *ποιμήν*, der Hirt; dessgleichen das indogerm. *paghva*, mit Ausfall von *gh* samt Ersatzdehnung, *pâva* = *pâu*, und das griech. *πῶυ*, das Gewaidete, die Heerde. Vergl. Curtius, Grundz., § 372,

Was nun noch die Ausdrücke für Fett, Vieh und dergleichen, in den germanischen Sprachen betrifft, so geht man namentlich bei der Erklärung des goth. faihu gewöhnlich aus von dem sanskr. *paçu*, indem man annimmt, *p* seye auf dem Wege der Lautverschiebung zu *f*, so wie *ç* auf demselben Wege zu *h*, *a* auf einem andern Wege zu *ai*, und so *pacu* zu *faihu* geworden. Nach unserer Ansicht (siehe Beilage III, 3, d.) ist jedoch *faihu* nichts weniger als eine Entfaltung von *paçu*; vielmehr sind beide Wörter völlig ebenbürtig aus demselben indogerm. Stamme erwachsen, das eine in der Form von *pagha*, das im Sanskrit durch Uebergang von *gh* in *ç* zu *paça*, und dann durch Anschluss von *va* zu *paç-va* = *paçu* geworden, das andere in der Form von *fagha*, das im Gothischen ohne *h* zu *faga*=*figa*, und dann durch Anschluss von *va* zu *fig-va* = *fihva*, so wie durch Brechung des *i* vor *h* zu *faihva* = *faihu* geworden; daher denn auch alts. *feho*, angls. *feoh*, *feo*, nord. *fê*, fries. *fia*, holl. *vee*, althd. *fehu*, *fihu*, *vihu*, das Vieh, ein Gegenstand, der den Grundbegriff wie die Grundlage aller Habe und alles Besitzthumes unserer nomadischen Urväter bildete, und dessen Name in der angls. Form von *feo* wohl auch dem Namen des Feodal- oder Feudalwesens im Mittelalter zu Grunde liegt. Vergl. Grimm, Geschichte d. d. Sprache, 1868, S. 20[1].

Daneben wurde besagtes *fa*, gleich *pa*, im Sinne von waiden, weitergebildet durch das Verbalsuffix *dha*, zu *fadha*, angls. *vädha*, was im Gothischen, durch die gewohnte Reduction von *dh* auf *d*, *fada*, *fadan*, Prät. *fod*, waiden thun, ernähren, füttern, und dann im Alt- und Mittelhochdeutschen in der Form von *fadjan*, mit Vorsprung des *j*, *faidan*, fleiszig füttern, mästen, absetzte; daher denn *faidan* als schwaches Verbum im Part. Prät.

[1] In einem alten Vocabularium, wovon ich zwei Blätter als innere Bekleidung der Decke einer Bibel von 1483 besitze, heiszt es: *Pecuniosus, aut qui more antiquo multas habet pecudes, aut qui nunc multas habet pecunias.* Daselbst liest man auch unter andern Curiositäten: *Orthodoxus, ein warlicher erer, orthos enim græce, rectum latine, et doxos id est gloria.*

faidit = *faizit*, *veizit*, oder synkop. *faidt* = *faitt*, fett, dissim. faist, feist, samt dem Verbum *faistan*, veitzen, fettmachen, befetten, und dem Subst. Fett, Fettigkeit, engl. *fat*, *fatness*, holl. *vet*, isländ. *feitr*, hebr. *pheder*, von *phadar*, füttern, mästen wie arab. *phadan*. Vergl. Weigand, Deutsch. Wörterbuch, S. 447, wo auf das altslav. *pita-ti* verwiesen wird. Was die weiteren Entfaltungen von *fadan* betrifft, so bemerken wir nur noch das nomen agent. *fadar*, althd. *fatar*, Vater, der Ernährer, Erzieher und Versorger, dessgleichen das Prät. *fod*, weitergebildet zu *fodjan*, gleichfalls ernähren, füttern, samt *fodeins*, das Nährende, engl. *food*, *feed*, angls. *fodher*, *fodder*, althd. *fùttar*, Futter, Waide, Nahrung, Speise. Vergl. Graff, Althd. Sprachschatz, III, 378 und 738.

Ueber andere Erklärungen von *pinguis* und *πάχος*, vergl. Curtius, Grundz. § 363, S. 473, nebst Corssen, Beiträge, S. 65, und Aug. Fick, Wörterb., S. 504; dessgleichen, was *paçu* und *faihu*, wie *ποιμήν* und *πᾶυ* betrifft, Pott, Wurzelwörterb., I, 204 ff., und Curtius, Grundz., 343 u. 372, oder Delbrück, Zeitschrift für deutsche Philolog., I., 143, wo dem Leser die Wahl gelassen wird das Vieh als das «Eingefangene», oder als das «Angebundene» zu betrachten. Was die Etymologie von dem, nicht mit *paç-*, *paçati*, waiden, zu verwechselnden *paç*, *paça-ti*, packen, fassen, fangen, binden betrifft, vergl. die Note in der Beilage III, 8.

BEILAGEN

über

etymologische Lebensfragen.

I. Indogermanische **Wortbildung.**

II. Die Partikel *gha, dha, sha, bha.*

III. Das Gesetz der Lautverschiebung.

IV. Die Palatale des Sanskrit.

V. Ueber Svarabhakti und Metathese.

VI. Indogermanisches Roth und Blut.

VII. *Ἀλάβαστρον* und *Ἀλείπτρον*.

I. BEILAGE.

Indogermanische Wortbildung.

(zu Seite 5.)

Nach der indischen heute noch allgemein befolgten Theorie der Wortbildung lautet im Sanskrit die Flexion des Verbums *sara*, flieszen, in der dritten Person des Präs. Indicat. nicht *sara-ti*, sondern *sar-a-ti*. Das heiszt, man reducirt den in der Sprache lebendig waltenden Wortstamm *sara* auf *sar*, nennt das also verstümmelte Wort Wurzel, und schiebt dann bei der Flexion desselben zwischen die sogenannte Wurzel und die Personalendung wieder einen Vocal ein, den man Bindevocal nennt, und der in der ersten Person eine Steigerung erfahren soll. Vergl. Schleicher, Compend., § 206, S. 344 f.

Indessen kennen wir nach unserer Theorie der Wortbildung, die freilich nicht irgend einer Schule, sondern allernächst den in der Sprache selbst vorliegenden Thatsachen entnommen ist, vorerst nur einfache Wurzeln, d. h. Urlaute, bestehend aus einem bloszen Vocal, wie *a*, *i*, *u*, oder aus einem Consonanten mit auslautendem Vocal, wie *sa*, *ra*, *va*; auch wissen wir daher nur von vocalisch auslautenden Wurzeln, bestehend aus kleinern oder grössern, primären, sekundären und weitern Wurzelcomplexen, wie *sara*, *sarava*, oder *savara* u. s. w.[1] Solche Wurzeln und Stämme waren aber vermöge ihres Auslautes nicht im Falle bei der später eintretenden Flexion erst noch einen aus der Luft gegriffenen sogenannten Bindevocal an- oder einzuschieben, um ihren genuinen Verbal- oder Nominalwerth geltend zu machen.

Dagegen geschah es im Laufe der weitern Entfaltung und Fortbildung der Sprache allerdings nicht selten, dasz der vocalische Auslaut eines Stammes abfiel, sey es schon vor der Flexion durch Apokope, oder erst nach derselben durch Synkope, was dann in der Grammatik gewöhnlich bindevocallose Flexion genannt wird. Diesz war z. B. der Fall schon im Sanskrit bei dem im Kampfe um das Daseyn fast unkenntlich gewordenen Verbum substant. *as*, *as-ti*, statt *asa*, *asa-ti* (wie *bhar-ti* statt *bhara-ti*) ursprünglich aber *vasa*, *vasa-ti*, seyn, Wesen haben, existiren, im Part. Präs. mit Verlust des vollen Anlautes, *sant*, seyend, wirklich, gut, wahrhaftig; nur in dem Verbale *vasu*, gut, wesentlich, seyend, wie es seyn soll, hat sich der Anlaut erhalten, ist aber in dem davon gebildeten *su*, gut, wohl, gleichfalls verschwunden. Vergl. goth. *visan*, Prät. *vas*, *vesum*, wie *vasa*, ohne *v*, *aṣa*, im Latein. *ese*, mit dem Infinitivsuffixe *se*, *ese-se*, synkop. *esse*, statt *esere*, wie in *ama-se* = *ama-re*, liebend seyn, lieben. Vergl. auch in dem Versuch einer Erklärung der goth. Wörter mit anlautendem *q*. 1871,

[1] Auch sind wir ganz der Meinung von Corssen, Beitr. S. 116 ff. wenn er gegen die vocallosen consonantischen Suffixe oder Determinative mit aller Energie seines sprachlichen Gewissens Protest einlegt. Vergl. Curtius, Grundz. S. 69 f.

S. 52 ff. die Beilage über das Verbum Subst. in den verschiedenen indogerm. Sprachen.

Häufiger jedoch als bei der Flexion erscheint jener Ab- oder Ausfall eines Vocals bei den Wurzel- und Stammerweiterungen, wo der Genius der Sprache, Andre sagen, das Gesetz der Verwitterung, *tempus edax*, dafür sorgte, dasz die Bäume nicht in den Himmel wachsen, d. h. dass in der Länge oder Sylbenzahl der Wortstämme doch ein gewisses Masz eingehalten werde, wie z. B. bei *sara*, weitergebildet *sarava*, reduc. *srav-a*, *srva*, *sru*, daher *sru-ti*, geflossen, *sruma*, der Strom, mit Abfall des *s*, *ruma*, *roma*, daher *Roma*, die Stromstadt, was ohne jenes Maszhalten *saravama* lauten würde. Was nun unser *sara* nach seinem Ursprunge und seiner ursprünglichen Bedeutung betrifft, so ist es ein Compositum von den beiden Wurzeln *sa* und *ra*, und heiszt eigentlich so viel als zusammen gehen oder flieszen, in erweiteter Bedeutung, eilen, laufen, strömen, wie denn auch Förstemann, Kuhn'sche Zeitschr. IX, 276, bemerkt: « Näher betrachtet ist das Flieszen nichts anders als ein Zusammenlaufen, ein Vereinigen der Wassertropfen bis zum Meere ». Uebrigens vergleiche man die Bedeutung der beiden Wurzeln in anderweitigen Verbindungen, wie z. B. in folgenden:

1. Wurzel *sa*.

Die Wurzel *sa* = *si*, verbunden mit *ja*, *sa-ja* = *si-ja*, verkürzt *saj* = *sij*, beides contrah. *sî*, heiszt so viel als zusammen thun, oder zusammen gehen machen, daher:

Sa-ja, *saja-ti*, zusammenfügen, binden, mit dem

Nominalsuffix *ti*, *saj-ti*, *saiti*, altslaw. *seti*, Saite, Strick, Schlinge, Riemen, oder mit Suffix *na*, *saj-na*, *saina*, im Sanskr. *sena*, Band, Bande, Schaar, Herrschaft.

Sa-ga, *saga-ti*, zusammen dahin gehen, flieszen, weitergebildet mit *va*, *sag-va* = *sakva*, sanskr. *sikva*, palat. *sika*, *sika-ti*, hinflieszen, benetzen, besprengen; daher *sikva*, mit Ausfall des *v* und Steigerung des *i*, *seka*, Benetzung, Befruchtung, *sektar*, nom. agent. altslaw. *sica-ti*, seigen, harnen. Weitergebildet mit Suffix *na* wurde *sika* zu *sik-na*, durch Metathese des *n*, *sinka*. *sinka-ti*, gleichfalls benetzen u. s. w.

Sa-ma, *sama*, von *sa*, der, dieser, mit dem Superlativsuffixe *ma* (nach Aug. Fick), *sama*, der-der, derselbe, idem. Dagegen *sama* von *sa*, mit, zu, und dem Appropriativsuffixe *ma*, soviel als zusammen, zugleich, ursprünglich *sahama*, synkop. *shama*, griech. mit Abfall des *s*, *hama*, ἅμα, ὅμα, lat. *homa* = *coma*, *com*, *cum*. Vergl. Curtius, Grundz., S. 495 f. Pott, II, 2, S. 840 ff. Scherer, zur Gesch. d. d. Sprache, S. 282.

Sama-ja, goth. *samjan*, sich anschlieszen, trop. zu gefallen suchen, im Part. Prät. *samida*, *samiths*, daher althd. *samet*, samt, wie mit Abfall von *sa*, *miths*, goth. *midh*, angls. *mid*, althd. *miti*, mit, wie griech. μετά, sanskr. *mithu*, zend *mat*. Vergl. Pott und Benfey bei Curtius, Grundz. § 212.

Sa-na, *sana-ti*, halbebenbürtig mit *na-gha*, im Sanskr. ohne *g*, *nah-ja-ti*, zusammen nahen, knüpfen, binden, lat. *nere*, *nectere*; weitergebildet mit *va*, *sana-va*, als Verbum, *sinava*, *sinav-ti* = *sinau-ti*, *sinô-ti*, zusammenfügen, verknüpfen, binden, als Substant. *sanava*, althd. *senava*, *senva*, altn. *sin*, sanskr. *sanava*, mit Metathese des *n*, *snaava* = *snâva*, die Sehne, *nervus*. Vergl. Aug. Fick, S. 214. Joh. Schmidt, Kuhn'sche Zeitschr. XXIII, 276.

Sa-va, *sava-ti*, zusammengehen, *coire*, zeugen, im Sanskr. synkop. *sva* = *su*, Part. Perf. Pass. *su-ta*, *su-tâ*, Erzeugter, Erzeugte, Sohn und Tochter, nebst *su-nu*, Sohn, goth. *sunus*, wie auch sanskr. *sû*, lat. *sus*, die Sau. Die Grundform dieser Wörter ist *shava*, synkop. *shva* = *shu*, daher im Sanskr. und Latein. mit Ausfall des *h*, *su*, im Griech. mit Abfall des *s*, *hu* = ὕ, ὕειν, samt ὗς, ὕαινα, die Sau, und ὑjειν = υἵειν, zeugen, samt υἱεύς, υἱός, Sohn.

Si-ma, *sima-ti*, zusammenthun, ziehen, binden, ursprünglich *shima*, daher im Sanskr. ohne *h*, *sima*, im Part. Präs. *simant*, mascul. *siman*, das Bindende, Band, altkd. *simo*, der Sieme, Siele; ferner im Griech. ohne *s*, *hima* = ἷμα, ἱμάειν, ziehen, an- und zusammenziehen, ἱμάς, Riemen, Seil, ἱμαντίον, Ueberzug, Gewand, althd. *hemidi*, Hemd, *camisa*, *chemise*. Hieher gehört wohl auch das lat. *simus*, eingebogen, daher *simia*, der Affe, wegen seiner eingebogenen, eingedrückten Nase. Vergl. Curtius, § 449, 602.

Si-va, *siva-ti*, oder *siv-ja*, *sivja-ti*, zusammen machen, nähen, contrah. *sû*, mit dem Nominalsuff. *ti*, *sûti*, das Nähen, die Naht, lat. *suere*, *sutum*, *sutor*, goth. *siujan*, alth. *siwan*, *siuwan*, samt *siu-la* = *sui-la*, Seuel, Pfriemen. Daneben gestaltete sich *siva* im Goth. auch zu *sivan* = *siban*, verbinden, anschlieszen, im Part.

Prät. *sibans*, daher *sibun*, sieben, als Anschluss an die Zahl sechs; weitergebildet mit Suffix *ja* wurde *siba* zu *sib-ja*, Bündniss, Verwandschaft, Sippe u. s. w.

NB. Die meisten der hier genannten Wörter, wie auch die der folgenden Beilage, bezeugen, dasz schon bei der primären indogerm. Stammbildung die determinativen Elemente nicht blosz als Suffixe, sondern auch als Präfixe an die Haupt- oder Stammwurzel anzutreten pflegten. Vergl. dagegen Schleicher, Compend., § 207, S. 346.

2. Wurzel *ra*.

Die Wurzel *ra* = *ri*, verbunden mit *ja*, *ra-ja* = *ri-ja*, verkürzt, *raj* = *rij*, beides contrah. *rî*, heiszt soviel als gehen, laufen und fließzen thun oder machen, daher:

Ra-ja, *raja-ti*, gleich *rija*, *rija-ti*, gehen, laufen, fließzen thun oder lassen, daher sanskr. *raja*, die Strömung, der Strom, und *ri-na*, *rina-ti*, gleichfalls fließzen, goth. *rinan*, *rinnan*, samt *rinno*, Gieszbach, deutsch Rinne, Gosse.

Ra-gha, *ragha-te*, das Gehen betreiben, eilen, springen, mit Suffix *na*, *ragh-na*, durch Metathese des *n*, *rangha*, *rangha-te*, rennen, als Subst. mit dem Neutralsuffixe *as*, *rangh-as*, im Sanskr. raṁhas, auch *rahas*, rasches Wesen, Eile, Schnelligkeit.

Ra-ga, *raga-ti*, regen, recken, weitergebildet mit *va*, *rag-va*, sich regen, ausdehnen, erheben, als Nom. neutr. *ragv-as*, im Sanskr. palatalisirt, *rağas*, das namentlich in der Luft sich Regende, Ausdehnende, Aufsteigende, daher Dunst, Nebel, Staub, auch Dunkel, *rağasa*, trüb, dunkel, *rağani*, Nacht, goth. *ragvis* = *rikvis*, *riqis*, Gen. *riqisis*, Finsterniss, samt *rakjan*, *ufrakjan*, sich ausstrecken, erheben. Vergl. hebr. *rachab* und indogerm. *raghava* = *rachava*.

Ra-va, *rava-ti*, gehen machen, vorantreiben, ziehen, reiszen, daher *rava*, mit verstärktem Auslaut, *rapa*, *rapere*, *raptum*, oder übergehend in *rau* = *rû*, mit dem appropriativen *ma*, *rûma*, das Ziehen, althd. *riumo*, *riomo*, Riemen, griech. *ῥύμα*, Zug, *ῥῦμα*, Zugseil, *ῥύτον*, Zügel, samt lat. *ru-pa*, p. geminirt, *ruppa* = *rumpa*, *rumpere*, *ruptum*, *rupes* u. s. w.

Ra-sa, *rasa*, scheinbare Umstellung von *sa-ra*, Saft, Kraft, Flüssigkeit, wie *sava*, lat. *ros*, Gen. *rosis* = *roris*, Thau, zusammengeflossene Feuchtigkeit, altsl. *rosa*, samt *ros-ja*, *rosj-ti* = *rosi-ti*, thauen.

Ri-pa, *ripa-ti*, p. geminirt *rippa* = *rimpa*, *rimpa-ti*, oder *rip* mit Suffix *na*, *rip-na*, *n* vorgerückt, *rinpa* = *rimpa*, *rimpa-ti*, gleich *li-pa*, *limpa-ti*, im Sanskr. beflieszen, benetzen, schmieren, salben, samt *repas*, Schmutz; vergl. lat. *ripa*, das vom Wasser bespülte Land, Ufer, d. i. *vaha*, redupl. mit Wurzelkürzung *vavha* = *uvha*, *ufa*, *ufar*, wie *lîtus*, *littus*, von *lîno*, *lîvi* u. s. w.

Ri-va, *riva*, lat. *riva-re*, flieszen, daher *rivo*, mit nominativem *s*, *rivos* = *rivus*, der Bach, Flusz, *rivulus*, *riva-lis*, samt *adrivare* (*arriver*), *corivare*, *derivare*; vergl. *ri-ga*, *riga-re*, *riga-tio* u. s. w.

Wohl fehlt es nicht an weiteren Verbindungen der beiden Wurzeln *sa* und *ra*. Doch reichen hoffentlich die gegebenen hin, um nicht nur die Bedeutung dieser Wurzeln zu constatiren, sondern auch unser Verfahren hinsichtlich der Wurzel- und Stammerweiterung samt der Flexion anschaulich zu machen. Uebrigens lieszen wir es an Letzterem auch nicht fehlen bei sämmtlichen Ausdrücken, deren Etymologie wir unserer Aufgabe gemäsz in diesen Blättern zu erörtern hatten. Und sollte es daher den Leser vielleicht hin und wieder bedünken, als gelte unsere «sprachliche Studie» nicht blosz der Erklärung gewisser Ausdrücke auf dem Gebiete des Salbens, sondern zugleich auch der Begründung einer historisch-rationelleren Wortbildung als die bisher gewöhnliche, so gestehen wir gern, dasz seine Vermuthung nicht ungegründet ist. Man vergleiche die gewöhnliche Wurzel- und Stammbildungstheorie nach Leo Meyer, vergl. Gramm., I, 319 ff. 429 ff. Curtius, Grundz. S. 44 ff. 70 ff. Aug. Fick, Wörterbuch, S. 927 ff. und andern.

1. Anmerkung.

Aehnliche Verstümmelungen des Anlautes, wie sie das Verbum Subst. erfahren hat, haben häufig auch bei andern Wörtern stattgefunden; daher unter andern: *vaga-ti* = *aga-ti*, führen, treiben; *vanka-ti* = *ankati*, biegen, krümmen; *vanǵa-ti* = *anǵa-ti*, benetzen, salben; *vardha-ti* = *ardha-ti*, wachsen, gedeihen; *varsha-ti* = *arsha-ti*, träufeln, besprengen; *vatka* = *atka*, Hülle, Kleid; *vâtman* = *âtman*, Hauch, Odem; *vani-ti* = *ani-ti*, hauchen, athmen; ferner *vada*, *vanda* = *uda*, *unda*,

Wasser; *vâna* ≐ *ûna*, fehlend, mangelnd[1]; *vanka*, lat. *unkus*, sanskr. *anka*, gebogen, krumm; *vangua* = *unguo*, salben; *varanas* = lat. *uranus*, griech. *οὐρανός*, Himmelsgott; sòdann *vatas*, griech. *ἔτος*, das Jahr, *varga*, *varga-ti*, griech. *ἔργειν*, wirken; *vâstu*, griech. *ἄστυ*, Wohnstätte; *vid*, *veda*, griech. *ἰδεῖν*, *οἶδα* u. s. w.

Und so haben vielleicht die meisten Wörter, welche heute vocalisch anlauten, ursprünglich ein weiches *v* zum Anlaute gehabt, das im Griechischen als Digamma schon früh allgemein abfiel, und nur noch hin und wieder in einem *o* oder *ou*, wie in *οἶδα*, *οὐρανός*, fortlebt. In den übrigen Sprachen hat es sich zwar bei vielen Wörtern erhalten, ist aber auch bei vielen spurlos verschwunden, oder mit Verlust seines Vocals in *u* übergegangen, was in der ind. Grammatik *samprasârana* genannt wird, und wohl der Fall war bei den meisten Wörtern, welche mit *u* anlauten, wenige sogenannte naturlautliche ausgenommen.

2. Anmerkung.

Sogenannte vocalisch an- und consonantisch auslautende Wurzeln betrachten wir nicht als Wurzeln, sondern als Stämme oder Composita von rein vocalischen Wurzeln mit solchen, welche consonantisch anlauten, abgesehen von etwaigen Umstellungen in der von Aug.

[1] Vergl. *vana*, redupl. *vavana*, mit Ausfall des *v*, *vâna*, lat. *vânus*, eitel, leer, goth. *vans*, mangelnd, *van*, der Mangel; daher wohl auch *vana* = *una*, wie mit Abfall des *v*, *ana*, griech. ἀνα, reducirt als Privativpartikel, goth. *un*, althd. *un*, *on*, sanskr. *an*, lat. *in*, griech. ἀν, und ἀνα durch Metathese ναα = νη; vergl. Curtius, § 437.

Fick, S. 1018 und 1044, erwähnten Weise. Jene rein vocalischen Wurzeln bilden namentlich die Urlaute *a*, *i*, *u*, die wohl als die ersten seelischen Aeusserungen zu betrachten sind, und zwar nicht blosz als lautliche Ausdrücke innerer Bewegungen, wie die der Freude, des Staunens, oder der Trauer und des Schmerzes, sondern auch als lautliche Reflexe wahrgenommener Bewegungen und Erscheinungen auf dem Gebiete der Auszenwelt. So begegnen wir vor allen der Wurzel *a*, in Verbindung mit der Wurzel *ra*, regen bewegen, im Sinne einer lebensregen an- oder aufregenden und erhebenden Thätigkeit, namentlich in dem so häufig vorkommenden *ar*, d. i. *a* + *ra* = *ara*, übergehend in *ora*, *ira*. Man vergleiche unter andern:

Im Sanskrit: *ara*, wohl, trefflich, gut, daher *aramati* hoher, edler Sinn, samt *ara-ta*, richtig, tüchtig, *ari-tra*, das Treibende, das Ruder; weitergebildet mit Suffix *na*, *ara-na*, synkop. *arna-ti*, und mit Suffix *va*, *arna-va*, *arnava-ti*, *arnav-ti* = *arnau-ti*, *arnô-ti*, antreiben, erregen, erheben, erreichen, eindringen, wie auch ohne *na* mit *va*, *ara-va*, synkop. *arva*, *arva-ti*, vorandringen, schnell, behende seyn, daher im Part. Præs. *arvant*, mascul. *arvan*, der Läufer, Renner, das Rosz; deszgleichen mit Suffix *dha*, *ara-dha*, synkop. *ardha*, weiter gebildet mit *va*, *ardhava*, erheben, hoch, erhaben seyn, lat. *arduus* und *ardea*, der Reiher, *avis quae altam supra volat nubem*, Virg., *Georg*. I, 364.

Im Griechischen: *ἄρα*, Adv. wohlan, nun denn, also, Subst. *ἀρά*, das Gebet, angeblich von Erhebung der Hände, Augen und Bitten nach Oben; mit Suffix *νυ*, *ἄρνυ-μι, ἄρνυμαι,* nach etwas trachten, suchen etwas zu erlangen; sodann *ἄρα, ἄρε,* trefflich, *ἀρε-ιος,* wacker, tapfer, *αρε-τή,* Tapferkeit, *ἄρι-στος,* der Trefflichste, *ἀρε-ας = ἄρης, ἄρευς,* der Kriegsgott, *ἀρέ-νος = ἄρνος,* männliches Schaf, *ἀρε-ἀγειν = ἀρήγειν,* helfen, beistehen, *ἀρέ-σκειν,* wiederherstellen, gutmachen.

Im Lateinischen: *ara-re,* pflügen, die Erde aufregen, samt *ara* mit *va, arava,* synkop. *arva, arvo, arvum,* Bepflügtes, Ackerfeld, vielleicht auch *ara*, das Aufgerichtete, der Altar, wie *ar-ta = al-ta, altare*, samt *altus, altitudo;* mit Suffix *va, ara-va,* synkop. *arva, arvati,* vorandringen, treiben, wachsen, daher *arvas = arbos, arbor*, der Baum; dessgleichen mit Suffix *ja, ara-ja,* synkop. *arja*, mit getrübtem Anlaut, *orja, orj-ri, = oriri,* entstehen, aufgehen, samt *oriens, origo, ortus*, wie griech. *ὄρειν. ὀρέγειν,* ungetrübt, goth. *arjan = aljan*, vorandringen, eilen, eifern, samt *aljanon*, dem im Sinne von voranbewegen, entfernen, wohl auch das lat. *aljo, aljus, alienus, alienare,* samt *iljo = illo, ille,* jener, nicht fern steht.

Gleiche Bewandtnisz hat es mit der sogen. Wurzel *îr*, in *îr-te, îra-te*, d. h. die Wurzel *i*, gehen, mit dem Suffixe *ja*, *i-ja,* gehen machen, treiben, wurde durch Anschluss von *ra* zu *i-ja-ra,* contrah. *îra, îra-te,* antreiben, in Bewegung setzen, sich in Bewegung setzen, sich erheben, enteilen, althd. *îra = îla,* die Eile, *îlan,* eilen, *îljan = îllan*, sich beeilen, beeifern; daher wohl auch lat. *îra,* als innere Erregung, Eifer, Zorn, samt *îrasci, îrate, îracundia* u. s. w. Ebenso erblicken wir in der sogen. Wurzel *in* von *inâ-ti, in-vati, in-auti, in-ôti,* vor allem ein Compositum von Wurzel *i* und Suffix *na*, oder Part. Perf. Pass. *i-na*, daher denn *i-na-va* = *inava-ti*, durch Ausfall des ersten *a*, *inva-ti*, durch Ausfall des zweiten, *inav-ti* = *inau-ti*, *inô-ti*, soviel als begehen, überfallen, bedrängen, bewältigen, in Gewalt nehmen, wie *invadere*[1]. Uebrigens erscheint namentlich die Wurzel *a* sehr häufig auch als betreibendes Suffix behufs sogen. Steigerung eines auslautenden Vocals, wie z. B. bei *ra*, tönen, *ra* + *a* = *râ*, ertönen, mit Suffix *ja*, *râ-ja*, *rajâ-ti*, bellen, anbellen, lat. *ra* = *la*, *latrare*.

3. Anmerkung.

Auszer den vorerwähnten rein vocalischen Wurzeln *a*, *i*, *u*, besitzt die indogerm. Sprache 13 consonantisch anlautende, als da sind: drei labiale, *va*, *ba*, *pa*, drei gutturale, *ja*, *ga*, *ka*, drei dentale, *da*, *ta*, *sa*, und vier liquide, *la*, *ma*, *na*, *ra*, im Ganzen also, die drei rein vocalischen mitgerechnet, 16 Wurzeln, aus welchen sämmtliche zahllose Stämme des indogerm. Sprachschatzes erwachsen sind. Was nun das Wesen der consonantisch anlautenden Wurzeln nach ihren beiden Lauten betrifft, so betrachten wir den Vocal vor allem als das seelische, lebensrege Element, den Consonanten aber als das determinirende, das die Handlung oder Thätigkeit nach ihren verschiedenen Richtungen bestimmt. Und ausgehend von dieser Function der Consonanten, soweit sich dieselbe aus ihrer organischen Natur

[1] Vergl. Part. *i-na*, lat. *in*, hin, an, ein gegangen, und εἴς (εἴσα) ἐν, Part. von ἔω, εἶμι gehen, nach Analogie von εἵς, (εἵσα) ἕν, eins, Part. von ἵημι, sende, voranbewegen.

oder Bildung ermitteln lässt, wagen wir es hinsichtlich der Bedeutung besagter Wurzeln folgende, freilich nur elementare Charakteristik derselben aufzustellen:

1. Die labialen *va*, *ba*, *pa* sind propulsiv, d. h. im Allgemeinen voranbewegend, im Auslaut häufig causativ.

2. Die gutturalen *ja*, *ga*, *ka* sind impulsiv, d. h. betreibend, gehen machend, im Anlaut häufig zusammentreibend.

3. Die dentalen *da*, *ta*, *sa* sind demonstrativ, und zwar sowohl hindeutend 'auf ein Objet, als auch dahin und dazu thuend.

Unter den vier mit Liquiden anlautenden Wurzeln ist

1. *la* formativ, d. h. Form und Gestalt, und daher auch Diminutiva und Instrumentalia bildend,

2. *ma* appropriativ, oder aneignend, in Besitz nehmend,

3. *na* intensiv, oder hin, an, und eindringend, und

4. *ra* iterativ, wiederholt, anhaltend voranbewegeud.

Diese wenigen einfachen Elemente sind es also, mittelst deren Verbindung und Weiterbildung nach Laut und Begriff unsere Urväter jene Sprache geschaffen haben, die, wenn sie auch gleich im Laufe der Zeit (nach Schleicher innerhalb 20,000 Jahren) vielfache Veränderungen erfahren hat, doch in ihren Grundzügen heute noch das unverkennbare Gemeingut aller indogermanischen Stämme bildet. Warum unter besagten Wurzeln keine erscheinen, die mit sogenannten Aspiraten anlauten, erhellt aus der folgenden Beilage.

4. Anmerkung.

Was die Flexion der Verbalstämme, und zwar vor allem die in der ersten Person des Präs. Indicat. betrifft, so ist es wohl erlaubt, den dessfallsigen Bemerkungen der indischen Grammatiker, wie den Vermuthungen von Schleicher, Compend. § 265, 266, 267, und Gust. Meyer, zur Gesch. der indogerm. Stammbildung, § 5 und 9, auch noch folgende beizufügen: Wahrscheinlich lautete das Suffix für die erste Person bei seinem Anschluss an den Verbalstamm folgendermassen: im Sing. *ami*, von dem pronominalen *a* + *ma*, *ama*, *ami*, oder von irgend einem andern Aequivalent für *aham*, ich; im Plur. *amas*, früher *amasi*, von *ama*, ich, und *si*, du, also wir; im Dual. *avas*, oder *âvas*, von dem pronominalen *a* + *va*, *ava*, mit dem pluralen *s*, *avas*, oder von *a* + *dva*, *adva*, mit Ausfall des *d* vor *v*, *âva*, und dann *âvas*, statt *âvâm*, wir zwei. Traten aber die Suffixe in dieser Gestalt an den vocalisch auslautenden Verbalstamm, so ist es kein grammatisches Räthsel mehr, warum z. B. *sara* in der ersten Person im Sing. *sarâmi*, im Plur. *sarâmas* und im Dual. *sarâvas* lautet. Das scheinbare Vorrecht der ersten Person, sich mit einem langen und breiten Vocal zu produciren, was die indische Grammatik sehr ungenügend erklärt, beruht offenbar auf keinem anderen Grunde als auf dem Zusammentreffen zweier Vocale. Vergl. im Griechischen φά-ω, φα-αμι = φημί, fut. φα-εσω = φήσω; θέω, redupl. τιθε-αμι = τίθημι, fut. τιθε-εσω = τιθήσω; δό-ω, redupl. διδο-αμι = δίδωμι, fut. δο-εσω = δάσω; βόρ-ω, oder βορο-αμι = βοράμι, durch Metathese, *βροωμι* = *βρῶμι*. Vergl. Curtius, Gramm., § 40, über sogen. organische Dehnung.

Was dagegen die Flexion und Weiterbildung der Verbalstämme, namentlich im Griechischen, mit consonantisch anlautenden Suffixen, wie *σκω*, *σι*, *τηρ*, *το* u. s. w. betrifft, so kann man es als Regel annehmen: Der Vocal im Auslaut des Stammes ist und bleibt kurz, es seye denn, dass der Wurzelvocal durch Metathese, behufs der Verkürzung des Wortes, sich an denselben anschlieszt und beide dann in einen langen Vocal zusammenschmelzen, z. B. indogerm. *dhava*, synkop. *dhva*, dahinwaben, aushauchen, sterben, im Part. Perf. Pass. *dhva-na*, im Griech. mit Ausfall des *υ*, *θάνα*, weiter gebildet als Verb. inchoat. *θανά-σκω*, verkürzt durch Metathese des *ν*, *θναασκω* = *θνήσκω*, dessgleichen *θάνα-τος*, durch Metathese, *θναατος* = *θνητός*; indogerm. *ma*, denken, im Part. Perf. Pass. *ma-na*, griech. *μενε*, daher *μένος*, weiter gebildet mit *σκω*, *μενέ-σκω*, redupl. *μιμενεσκω*, verkürzt durch Metathese, *μιμνεεσκω* = *μιμνήσκω*; *βό-ειν*, waiden, weiter gebildet mit *ρα*, *βορά*, *βορός*, mit *σκω*, *βορό-σκω*, durch Metathese *βροοσκω* = *βρώσκω* u. s. w. Vergl. Buttmann, Gramm., § 112, Curtius, Gramm., § 324, 334, und Joh. Schmidt, Kuhn'sche Zeitschrift, XXIII, 278 ff.

II. BEILAGE.

Die Partikel *gha, dha, sha, bha.*

(zu Seite 20.)

Indem wir diese Wörter, die eigentlich indogermanische Urverben sind, hier unter dem Namen Partikel zusammenstellen, geschieht es zunächst im Anschluss an die Bemerkung von Aug. Fick, Wörterbuch, S. 67: « *Gha*, eine verstärkende Partikel, wie griech. *γε*, goth. *ga* ». Was jedoch die Entstehung und Bedeutung dieser Wörter betrifft, so hat es damit, nach unserer Ansicht, folgende Bewandniss:

1. Die Partikel *gha*.

Besagtes *gha* ist wohl nichts anders als eine Entfaltung der Wurzel *ga*, gehen, verstärkt durch das Verbalsuffix *a*, also *ga* + *a* = *gaa*, was dann zur Vermeidung des Hiatus einerseits durch Contraction in *gâ*, anderseits durch eine Art Synizese oder Schleifung mittelst des Hauchlautes *h* in *gaha* übergegangen, und durch Synkope zu *gha* geworden[1]. Dieses *gha* erscheint nun aller-

[1] Den hier entstandenen Doppellaut *gh* rechnet man gewöhnlich zu den sogen. Aspiraten, d. h. nach Curtius, Grundz., S. 387 ff., zu den Explosivlauten « mit parasitisch hinzutretendem oder nachstürzendem Hauche». Dr. Karl Meyer (Allg. Zeitung, 1876, S. 2275) nennt jedoch diesen Hauch « die Lebensfaser in unserem Sprach-

dings sehr häufig als verstärkende Partikel, namentlich als betreibendes Verbalsuffix. So begegnen wir ihm als solchem unter andern bei *va*, bewegen, in *va-gha*, *vagha-ti*, voranbewegen, treiben, fahren, führen, im Sanskr. mit Abfall des *g*, *vaha*, *vaha-ti*, daher *vâha*, *vâhana*, althd. mit Ausfall des *h*, *wagan*, *wago*, Wagen, lat. *vehere, vehiculum*; dessgleichen bei *da*, dahin, in *da-gha*, dahin fahren, auffahren, aufleuchten, brennen, daher im Sanskr. *dagh-ta*, *ht* umgestellt in *th* = *dh*, *daydha*, gebrannt, *dâha*, der Brand, goth. ohne *h*, *daga*, die Helle, der Tag. Ferner begegnen wir ihm bei dem lebensregen einfachen *a* (wenn nicht urspr. *va*) in *a-gha*, mit Anschluss von *va*, *a-gh-va*, *aghva-ti*, voranbewegen, gehen, laufen und flieszen; daher im Sanskrit, *gh* = *ç*, *açva*, *açvas*, zend *açpas*, der Läufer, Renner, das Ross; im Latein. mit Reduct. von *gh* auf *g* = *c*, *acva* = *aqua*, *equa*, *equus*, das Pferd, neben *aqua*, das Flieszende, das Wasser; im althd. mit Reduct. von *gh* auf *h*, *ahva*, *ehu*, das Pferd, neben *ahva*, *aha*, *awa*, *au*, das Wasser und Wasserland; im Griech. mit Reduct. von *gh* auf *g* = *k*, *ακϝα*, mit geschwächtem An- und verstärktem Auslaute, *ικπα*, assim. *ικκα* und *ιππα*, weitergebildet *ἰκκος* und *ἴππος*, mit hysterogenem Spir. asper, *ἵππος*, das Pferd, neben *ἰκμάς*, Nässe,

körper», und wohl nicht mit Unrecht; denn war er auch gleich bei der Wurzelbildung noch nicht betheiligt, so ist er doch schon bei den frühesten Stammbildungen als willkommener Gehilfe eingetreten, wovon auch heute noch seine Anwesenheit in allen indogerm. Sprachen Zeugniss gibt, trotz des Miszbrauchs, den er früher, wie der Verkennung, die er später, namentlich im Deutschen, erfahren musste.

Feuchtigkeit, samt *ἰκμάειν*, benetzen, daher *Ζεύς ἰκμαῖος*, Jupiter pluvius, der Regenspender.

Ebenso erscheint *gha* sehr häufig auch als Präfix, wie unter andern bei *ra*, regen, oder *ara*, erregen, in *gha-ra* oder *gh-ara*, *ghara-ti*, im Sanskr. ohne g, *hara*, *harati*, herbewegen, nehmen, faßsen, ein- und umfassen; daher *ghar-ta*, das Eingefasste, wie Haus, Hof, Garten, griech. *χόρτος*, lat. *hortus*, althd. ohne *h*, *garto*, Garten, goth. *gards*, Haus, Familie, Belgrad, Novogrod u. s. w. Wahrscheinlich ist es dasselbe *ghara*, das im Latein. ohne *h* synkop. als *gra* = *cra* erscheint, was dann wohl einerseits *gra-men*, Gras, vielleicht auch *ger-men*, Keim, anderseits mit dem Varbalsuffix *a*, *cra-a*, *cra-are*, *cre-are*, etwas hervorbringen, machen, schaffen, samt *cre-sco*, *crevi*, *cretum*, Gewächs, absetzte. Daneben bildete dasselbe *ghara*, mit Suffix *va*, *gharava*, synk. *ghrava*, *ghrav-ti* = *ghrau-ti*, soviel als erregen, treiben, wachsen, im Part. Perf. Pass. *ghrauta*, daher althd. *gh* = *ch*, *chrauta*, *chrûta*, neutr. *chrût*, Kraut, Gewächs. Im Sanskr. erscheint dieses *gharava*, mit Uebergang von *g* ohne *h* in *k*, in der Form von *karava*, *karav-ti* = *karauti*, *karôti*, und *kar-na-va*, *karnav-ti*, *karnauti*, gleichfalls im Sinne von etwas hervorbringen, machen, schaffen; vergl. Aug. Fick, S. 203, skar, 3. Ferner bemerken wir noch *gha* mit *ra*, gern haben, lieben, sich freuen an etwas, daher *gha-ra*, *ghara-ti*, im Griech. *χάρειν*, samt *χαρά*, Freude, *χάρις*, Huld, Liebe, lat. *carus*, *caritas*, franz. *cher*, *charité*; weitergebildet mit Suffix *ja*, *ghar-ja*, *gharja-ti*, begehren, verlangen, im Griech. *χαρjειν* = *χαίρειν*, sich freuen, im Sanskr. mit Abfall des *g*, *har-ja*, *harja-ti*, lieben, im Goth. mit Ausfall des *h*, *gairan*, (*gailan*) *gairnjon*, *gairnan*, im Althd. *gëron*, *gëron*, *bi-gëron*, begehren, samt *girî*, Gier, *gairna*, gern u. s. w.

Uebrigens ist *gha* seinem Wesen nach vor allem ein Verbum im Sinne von gehen, gleich dem ihm ebenbürtigen *gâ*, *gâ-ti*, redupl. *gagâti*, im Sanskr. *ǵagâ-ti*, samt *gâtu*, Gang, *gaja*, der Schritt, namentlich als Masz; daher auch *gha*, *gha-ti*, redupl. *gagha*, *gagha-ti*, im Goth. *´gh* = *gg*, *gaggan*, im Althd. mit Vorschlag von *s* = *sa*, *sgaggan* = *scaccan* oder *skakkan*, *skikken*, schicken, wohin gehen machen. Im Sanskr. lautet *gha*, redupl. *ǵagha*, mit Suffix *na*, *ǵagh-na*, *n* vorgerückt *ǵangha*, daher *ǵanghâ*, der Fusz, das Bein, *ǵamgha-ti*, mit den Beinen (*jambes*) strampeln. Weitergebildet mit Suffix *ja* wurde *gha* zu *gha-ja*, synk. *gh-ja*, gehen machen, fortgehen thun, was dann durch Anschlusz von *as* das aoristische *ghj-as* bildete, während im Griech. das einfache *gha*, χειν, im Aor. 1. Part. Pass. χθείς, æol. χθές, absetzte[1], dieses wie jenes soviel als fortgegangen, vergangen, und daher bezüglich der Zeit, namentlich des Tages, soviel als der gestrige, gestern. Vergl. *ghjas* im Sanskr. mit Abfall des *g*, *hjas*, lat. *hês*, locat. *hêsi* = *heri* (franz. *hier*), *hesternus*, goth. mit Ausfall des *h*, *gjas* = *gîs*, *gîstra*, gester, gestern. Weiteres über *ghjas* und weitere Entfaltungen von *´gha* siehe in dem Geheimnisz des Spir. asper, 1873, S. 23—27.

NB. Das als Suffix blosz betreibende *gha* hat als

[1] Vergl. die unfügliche Ableitung des griech. χθές von sanskr. *ghjas*. Curtius, Grundz., § 193 und S. 454.

Präfix meistens eine mehr bei-, her- und zusammentreibende Tendenz. Daneben hat der Doppellaut *gh* namentlich im Gothischen das Eigenthümliche, dass er im Anlaute eines Wortes häufiger sein anlautendes Element, und im Auslaute häufiger das auslautende fallen lässt.

2. Die Partikel *dha*.

Ganz auf dieselbe Weise wie *gha* entstand auch *dha*, indem die Wurzel *da*, die gewöhnlich als demontrative Partikel im Sinne von da, dahin, dazu, fungirt, sich durch das Verbalsuffix *a*, d. i. *da* + *a*, zu *daa* gestaltete, was denn sowohl durch Contraction zu *dâ*, als durch Schleifung mit dem Hauchlaute *h* zu *daha*, und dann durch Synkope zu *dha* geworden. Dieses *dha* erscheint nun häufig als Verbalsuffix im Sinne von thun, machen, wie unter andern bei *va*, flieszen, *in va-dha*, *vadha-ti*, im Sanskr. mit Samprasârana, *udha*, *udha-ti*, flieszen, thun, nass machen, baden; dessgleichen bei *vara*, tönen, sprechen, in *var-dha*, *vardha-ti*, sprechen thun, reden, im Goth. redupl. mit Wurzelkürzung *vavrdha* = *vaurdha*, ohne *h vaurdan*, reden, daher *vaurda*, Neutr. *vaurd*, das Wort, ebenbürtig mit *verbum*, griech. ϝερειν, mit Abfall des ϝ, ἔρειν, εἴρειν.

Daneben fungirt *dha* auch als Präfix im Sinne von dahin, dazu, daran, wie unter andern bei *ra*, oder *ara*, bewegen, daher *dha-ra*, oder *dh-ara*, *dhara-ti*, dahinbewegen, tragen, daran, dazu thun, festmachen, *dharana*, *dharuna*, das Tragen und Tragende, Stütze, *dha-tu*, die Grundlage, in der Grammatik die Wurzel, *dhar-ma*,

Festsetzung, Vertrag[1]; sodann bei *ara* in der desiderativen Form *arsa*, daher *dharsa*, *dharsa-ti*, sich dahin, dazu, voran drängen, *dharsu* = *dhrasu*, dreist, kühn, frech, griech. ϑαρσύς = ϑρασύς; dessgleichen bei *vara*, bewegen, daher *dhavara*, synkop. *dhvara*, *dhvara-ti*, dahin, hineinbewegen, eindringen, im Sanskr. ohne *h*, *dvâra*, der Eingang, das Thor, griech. ϑύρα, die Thüre, goth. *dura* = *daurà*, althd. *turâ*, lat. *turare*, *obturare*, deutsch dauern, im Sinne von vorandringen, durchdringen; ebenso bei *ra-ga* = *ri-ga*, flieszen und gieszen, in *dh-riga*, goth. ohne *h*, *drigan*, hineingieszen, eingieszen, daher mit Suffix *na drigna*, *n* vorgerückt, *dringa* = *drinka*, goth. graph. *g* = *n*, *drigkan*, trinken, Trank, tränken, samt *drigtar* = *drihtar*, Trichter, infundibulum; ferner bei dem einfachen *va*, wahen, wehen, hauchen, in *dha-va* (*dhva* = *dhu*), *dhava-ti*, dahin wahen, und dann auch auswahen, aushauchen, sterben, daher im Part. Perf. Pass. *dhav-ta* = *dhauta*, ausgehaucht, leblos, althd. *tôt*, alts. *dod*, angls. *dead*, bei Otfr. *dot*, goth. *davan* = *divan*, Part. Prät. *dauths*, *dauthjan*, tödten. Vergl. griech. ϑύειν, ϑύσις, ϑύμα und ϑύμον. Curtius, § 320.

Doch erscheint *dha* auch als selbstständiges Verbum im Sinne von *dah*in thun, machen, legen, setzen, stellen, und hat im Part. Perf. Pass. *dha-ta* = *dhi-ta*, und mit Abfall des *d*, *hita*, gesetzt, gestellt, wohlbestellt, als Subst.

[1] Die gewöhnliche Identificirung von *dharma*, ϑαρμα, mit lat. *ferme*, *firmus*, nach Curtius, § 316, S. 484, und Corssen, Beitr., S. 167 ff., beruht auf einem Irrthum, wie die auf gleichem Lautwandel beruhende Erklärung von *forma*, *formus*, *forum*, *frêtum*, *fordeum*, *fûmus*, *inferi*, *ruber*, *rubêre*, *rufus*, *rufére* u. s. w. Vergleiche das Geheimniss des Spir. asper, 1873, S. 81 ff.

Wohlstand, so wie im Imperat. *dhi*, mache, thue, was häufig als Imperativsuffix gebraucht wird, z. B. bei dem Verb. subst. im Sanskr. *as-dhi*, mit Ausfall des *s* und Dehnung des *a*, *êdhi*, im Griech. εἰμι oder ἔσμι, ἴσ-θι, im Lat. *esse*, *es-to*, u. s. w. Gewöhnlich erscheint jedoch *dha* als Verbum in der durch das Suffix *a* erweiterten Form von *dhâ*, *dhâ-ti*, thun, machen, *dhâtar*, Thäter, *dhâ-ti*, That, *dhâma*, Stand, Lage, *dhâman*, Sitz, Heimath u. s. w. Bevorschlagt mit *s* = *sa*, wurde *dhâ* zu *sdhâ* = *sthâ*, dahin gethan, gesetzt, gestellt seyn, d. i. stehen, *stare*, im Präs. redupl. *tishthâ-ti*, er steht, daher *sthâ-tar*, der steht, oder stehen macht, wie Jupiter *stator*, *sthâti*, das Stehen, der Stand wie *sthâna*; causative weiter gebildet *stha-paja*, stehen machen, stellen, aufrichten, gründen, *sthapa-ti*, der Stifter, Gründer, lat. *stipes*, Stamm.

N. B. Die Partikel *dha* läszt häufig sowohl ihr *d* als ihr *h* fallen, letzteres namentlich im Lateinischen und Germanischen, worauf dann *d* nicht selten übergeht in *t*. Vergl. die dessfallsigen Bedenken von Curtius, Grundz., S. 359, und Corssen, Beitr., S. 55, gegenüber den oben erwähnten Thatsachen.

3. Die Partikel *sha*.

Was die Entstehung der Partikel *sha* betrifft, so ist sie eine Entfaltung der Wurzel *sa* in Verbindung mit dem Verbalsuffixe *a*, also *sa* + *a* = *saa*, was sich dann sowohl contrahirt zu *sâ*, als geschleift mit *h* zu *saha*, und synkop. zu *sha* gestaltete. Dieses *sha*, das, vermöge der organischen Natur seiner Wurzel, eine dahin weisende, wie dahin und dazu thuende Tendenz hat, fungirt nun bald als Präposition im Sinne von dahin, dazu, damit, bald als Präfix in demselben Sinne, bald auch als Pronomen demonstrativum. In letzterer Bedeutung erscheint es im Sanskr. ohne *h*, als *sa*, *sô* neben *tad*, für der, die, das, oder dieser, diese, dieses; im Zend ohne *s*, als *ha, hô, tat;* im Latein. ebenfalls ohne *s*, redupl. *híha*, verkürzt, *hih* = *hic, hæc, hoc*, im Griech. ὁ, ἡ, το. Vergl. Curtius, Grundz., § 603 und 606.

Uebrigens erscheint diese Partikel in ihren verschiedenen Formen am häufigsten als Präfix, wie unter andern in folgenden Wortgebilden: *sahi-ta*, zusammengesetzt, verbunden; *saha-ǵa*, von *gva*, zeugen, mit- oder angeboren; *saha-va*, synkop. *sah-va* = *sakva*, mitgehen, sich anschlieszen, lat. *saqua*, *sequa*, *sequi*, *secutus*, *secundus; sha-ma*, zusammen, mit, im Sanskr. ohne *h*, *sama*, *sam*, im Zend ohne *s*, *hama*, wie im Griech. *hama* = ἅμα, ὅμα, und im Lat. *homa* = *coma*, *com*, *cum; sha-ja*, *shaja-ti*, zusammenthun, verbinden, im Part. Perf. Pass. *shaj-na*, im Sanskrit ohne *h*, *sajna*, *sena*, im Zend ohne *s*, *hajna, hena*, wie im Griech. *hæna*, ἥνα, ἡνία, ἡνίον, Band, Zaum, Zügel, Bande, Heer, Herrschaft, Gewalt; *sha-lagha*, zusammenlegen, winden, daher im Althd. mit Ausfall des *h* im Anlaut und des *g* im Auslaut, *salaha*, die Weide, Wiede, Saalweide; im Latein. mit Ausfall der beiden *h*, *salaga* = *salica*, im Nominat. *salix*; im Griech. mit Abfall des *s* und Reduction des *gh* auf *g* = *k*, *halaka* = ἑλίκη, Weide und Windung, samt ἕλιξ, das Gewundene, Gerollte, Spiralförmige, wie Wickelranken, Haarlocken u. d. g., nebst *ἑλίσσειν*, wickeln, drehen, flechten, was Curtius, § 21, von Wurzel ϝελ ableitet; *shara* = *sha-la*, Flüssiges, namentlich salzige Flüssigkeit, daher im Sanskrit ohne *h*, *sara*, *sala*, Salz, im Lat. ebenso, *salä*, *sal*, im Griech. ohne *s*, *hala* = *ἁλα*, *ἅλς*, Genit. *ἁλός*, im Goth. *salta*, *salt*, im Deutsch. Salz, samt den Ortsnamen Salzach, Selz, Sulz, neben Halle, Hall, Hallein; *sha-va*, mitgehen, daneben hergehen, müssig gehen (?), daher mit dem Nominalsuffixe *ja*, *shavja*, die Linke, als die müssige, lässige, scil. Hand, im Sanskrit ohne *h*, *savja*, im Zend ohne *s*, *havja*, im Lat. mit Uebergang von *sh* in *sc* und Vorsprung des *j*, *scajva* = *scaeva*, ebenso im Griech. *σκαιϝα*, mit Ausfall des Digamma, *σκαία*; vergl. *λαία χείϱ*, *læva manus*, die glatte, zarte Hand, und *ἀϱιστεϱά*, die kraftlose, kampfunfähige.

Daneben erscheint *sha* nicht minder auch als Verbalsuffix, und hilft namentlich im Sanskrit die sogenannten Desiderativa auf *sha* und *sa*, sowie im Griech. und Lat. die sogenannten Inchoativa auf *sko* und *sco* bilden, wie unter andern in folgenden Wörtern: *bhaksha*, *bhaksha-ti*, essen, verzehren, von *bhaga*, Speise, mit Anschlusz von *sha*, *bhag-sha* = *bhaksha*, lat. *vesca*, *vescor*; *uksha*, *uksha-ti*, treiben, wachen, zunehmen, von *vaga*, urspr. *vagha*, treiben, mit Suffix *sha*, *vagsha* = *vaksha*, *va* = *u*, *uksha*, was in der Form von *vaksha*, redupl. mit Wurzelkürzung *vavksha*, durch Abfall des anlaut. *v* zu *avksha* und so im Griech. zu *αὖξα*, *αὔξειν* wurde, während im Latein. das einfache *vaga* auf demselben Wege sich zu *vavga*, *avga* = *auga*, *augere* gestaltete; *ghansa*, die Gans, von *ana*, *ani-ti*, hauchen, athmen, mit verstärkendem Vorschlag und Anschlusz von *sa*, *gh-an-sa*, der namentlich dem vermeinten Feinde schnaufend, keuchend und zischend entgegentretende Vogel, griech. *χήν* von *ghan-ja* = *ghajna*, *χαίνειν*; *kâsha*, *kâsha-ti*, husten, wie *çvasa*, *çvasa-tî*, schnaufen, mit Ausfall des *v* und Ersatzdehnung des *a*, *çâsa* = *kâsa*, urspr. beides *gh-va-sha*, daher im Angls. mit Abfall des *g* und des *h* im Auslaut, *hvasa*, im Part. Perf. Pass. *hvas-ta*, wovon dann *hvos-tan*, althd. *hou- stan*, hûsten, wie denn auch dasselbe *va*, wahen, hauchen, mit Vorschlag und Auschlusz von *gha*, *gha-v-gha*, durch Abfall des anlaut. *g* und Uebergang des auslaut. *gh* in *ch*, *havcha* = *haucha*, *hauchan*, althd. *hûchan*, absetzte[1]. Aug. Fick, vergl. Wörterbuch, S. 42, meint *kâs-* hänge mit *kas-*, kratzen, zusammen, wobei er wohl das verwandte *çvas* übersehen. Vergl. S. 1012 ff. seine reiche Zusammenstellung hierher gehöriger Wörter mit der Schlussbemerkung: « Ueber die Natur dieses in so weitem Umfang antretenden *s* lässt sich Bestimmtes noch nicht aussagen. »

NB. Der volle Anlaut von *sha* erscheint in den verschiedenen indogerm. Sprachen nur noch in der Form von *sk* oder *se*, deutsch *sch*, während er daneben bei den einen sein *h*, bei den andern sein *s* fallen liesz, und nun dort als *s*, hier als *h* erscheint. Ersteres ist der Fall im Sanskrit, Lateinischen und Gothischen samt den germa-

[1] Besagtes *ghavgha*, oder *ghvagha* = *ghugha*, reducirt auf *çuça* = *kuka*, ist vielleicht die Stammform des sanskr. *kuça*, wie des goth. *kukjan*, behauchen, anhauchen, ansprechen, *adorare*, *salutare*, *osculari*, im Griech. κυκνέειν, mit Ausfall des κ, κυνέειν, Aor. ἔκυσα, im Althd. *chuksan* = *kuksan*, assim. *kussan*, *kussjan*, küssen. Vergl. Curtius, Grundz., § 83.

nischen und slavischen Zweigen, Letzteres im Zend oder Altbaktrischen, Altpersischen, Kurdischen, Armenischen, Griechischen und Keltischen. Vergl. das Schiboleth, Richt. 12, 5, 6, und Geheimniss des Spir. asper, S. 30 ff.

4. Die Partikel *bha*.

Was endlich die Partikel *bha* betrifft, so gehen wir dabei aus von der Wurzel *va*, wahen, wehen, wegen, namentlich voranbewegen, was mit dem Verbalsuffixe *a*, *va* + *a* = *vaa*, contrahirt zu *vâ*, wie geschleift mit *h* zu *vaha*, und synkop. zu *vha* = *bha* geworden. Dieses *bha* fungirt nun im Sinne von dahin, voran, vorwärts, fort, und zwar gleich den übrigen Partikeln, bald als Verbum, bald als Präfix, bald als Suffix. In letzterer Eigenschaft begegnen wir ihm unter andern in *rabha*, *b* gemin. *rabbha* = *rambha* (oder *rabha* mit Suffix *na*, *rabh-na*, durch Metath. *ranbha* = *rambha*), *rambha-ti*, ertönen, erschallen, gleich *ramba*, *ramba-ti*, von Wurzel *ra*, tönen, im Part. Perf. Pass. *ra-na*, *rana-ti*, tönen, klingen, daher wohl auch lat. *rana*, der Frosch; dessgleichen in *grabha*, weitergebildet *grbhnâ*, *grbhnâ-ti*, greifen, fassen, packen, goth. *greipan*, wahrscheinlich von *ghara*, herbeiziehen, nehmen, fassen, packen, synkop. *ghra*, mit Ausfall des *h*, *gra*, und Anschlusz von *bha*, *grabha*. Gewöhnlich rechnet man hierher auch sanskr. *garbha*, das Empfangende und das Empfangene, Mutterleib und Kind, Junges, althd. urspr. *gh* = *ch*, und *r* = *l*, *chalba*, *calp*, angs. *cealf*, goth. *kalbo*. Doch dürfte hier statt *garbha* wohl eher *ghva-ra-bha* = *ghvarabha*, von *ghva* = *gva*, zeugen, zu setzen seyn; aus diesem *ghvarbha* hätte sich dann durch Ausfall des *v* besagtes sanskr. *gharbha* = *garbha*, zugleich aber auch durch Abfall des *g* das althd. *hvarbha* = *hwalfa*, *hwelf* und *welf*, so wie durch Abfall des vollen *gh* des griech. *varbha* = *βαρφα*, *βερφος* = *βρεφος* gebildet, und zwar ohne unorganisches *β* = *g*. Vergl. dagegen Curtius, Grundz., § 645.

Uebrigens erscheint *bha* auch bald als Verbum, bald als Präfix, wie unter andern in folgenden Wortgebilden:

Bhâ, *bhâ-ti*, vorandringen, erscheinen, und dann auch scheinen, leuchten, glänzen, von *bha* mit dem betreibenden Suffixe *a*, *bha*+*a* = *bhâ*; daher im Part. Perf. Pass. *bhâna*, das Leuchten, Scheinen, auch der Strahl, das Licht. Vergl. griech. *φάειν*, *φάνειν*, *φαίνειν*. Zahlreiche Entfaltungen dieses Verbums in verschiedenen Sprachen siehe in dem Geheimniss der Nasale 1875, S. 54 ff.

Bhana, *bhana-ti*, tönen, schallen, sprechen, rufen, von *bha*, ursprünglich *vaha*, wahen, wehen, hauchen, und dann auch tönend die Luft durchziehen, im Part. Perf. Pass. *bha-na;* daher im Sanskrit *bha*, das summende Insekt, wie *bhasana* und ohne *s* *bhâna*, die Biene, im Althd. *bha*, ohne *h*, *ba* mit Suffix *a*, *baa* = *bia*, fem. *biâ*, *piâ*, dasselbe; vergl. griech. *φα*, *φάω*, *φημί*, lat. *fari*, *fatum* u. s. w.

Bhaja, *bhajati*, sich voranbewegen, fortgehen und dann auch sich auf und davon machen, sich flüchten, fliehen, d. h. sich fürchten, was im Sanskrit gewöhnlich in der Form von *bhaj-*, contrah. *bhî* erscheint; vergl. goth. *fian*, *fijan*, fliehen, hassen, *μίσειν*. — Hierher gehört auch das nach Schleicher, Comp. § 259, noch dunkle Instrumentalsuffix *bhi*, griech. *φί*. Dasselbe lautete gleich *bhaja*, ursprünglich *vhaja*, synkop. *vhja*, im Sanskr. *bhja*, ohne *a bhi*, und im Latein. ohne *h*, *vja*, *via*, beides im Sinne von Gang, Weg; daher z. B. im Sanskr. *vâk*, im Instrument. Sing. *vâkbhi*, *vocis via*, mittelst des Wortes. Vergl. *me*, *te*, *se*, im Dat. und Abl. Sing. *mibhi* = *mihi*, *tibhi* = *tibi*, sibhi = *sibi*, Plur. *nobhis* = *nobis*, *vobhis* = *vobis*; dessgleichen *alia-via*, apokop. *ali-vi* = *alibi*, oder *aliqua-via*, apokop. *aliqu-vi* = *alicubi*, aphär. *ubi*, und *ea* oder *ia-via*, apokop. *i-vi* = *ibi*, alles gegen die Lehre von Corssen, Beitr. S. 157, und zur Bestätigung unserer Vermuthung in der Note S. 16.

Bhaǵa, *bhaǵa-ti*, sich schnell voran bewegen, davon eilen, fliehen, von *bha* mit *gava* = *gva*, bewegen, treiben, daher denn *bha-gva*, palatalisirt *bhaǵa*, sprich *bhadscha*. Angeblich heiszt dieses *bhaǵa* auch soviel als darreichen, namentlich Speise darreichen oder austheilen, zu essen geben, ist aber in diesem Sinne wohl eher eine causative Weiterbildung des folgenden Verbums.

Bhaga, *bhaga-ti*, gleich *φάγειν*, essen, speisen[1]; daher *bhaga* als Substant. Speise, Nahrung, Wohlstand, wie auch der solches Spendende, Herr, Brodherr, Gebieter; auch ist es der Name einer indischen Gottheit, daher altpers. *boga*, wie altslav. *bogu*, Gott, *bogatu*, beglückt, reich. Das Part. Perf. Pass. von *bhaga*, *bhag-ta* = *bhak-ta*, heiszt gewöhnlich soviel als ergeben, angehörig, dienend,

[1] Vielleicht auch goth. *fagan* samt *faginon*, sich laben, sich's lassen wohl seyn, und dann sich freuen.

weil ernährt, versorgt und unterhalten, daher wohl auch das goth. *and-bagta = andbahts*, der Gegendienst Leistende, Dienstergebene, Diener, *διάκονος*, samt *andbahtja*, der Dienst, althd. *ambaht*, *ampaht*, *ampt*, das Amt, Ministerium, mittellat. *ambactia*, ital. *ambasciata*, franz. *ambassade*, Botschaft. Vergl. die sinnige Erklärung des keltischen *ambactus* bei Grimm, Geschichte der deutsch. Sprache, 1868, S. 93 ff. — Hierher gehört wohl auch das goth. *bagms* als eine Entfaltung von *bhaga*, und bezeichnet gleich dem ebenbürtigen *φηγός*, *fagus*, zunächst einen Frucht- oder Speisebaum neben dem gewöhnlichen Holzbaum, *triu*, *δένδρον*. Vergl. die Vermuthungen von Aug. Fick, Grimm, Pott, Delbrück und Curtius, Grundz., S. 546.

Bhabâ, nach Aug. Fick, S. 379, die Bohne, ein sehr nahrhaftes Gemüse, ursprünglich *vha-va = bhabâ*, sey es als Nebenform von *bha-ga*, Speise, Nahrung, oder von *bha-va*, (*bhû*), mit verstärktem Auslaute, *bhabâ*, Gewächs; vergl. lat. *faba*, span. ohne *b*, *haba*, althd. in der Form von *bhava*, ohne *h* mit Suffix *na*, *bav-na = bauna*, *bôna*, *pôna*.

Bhara, *bhara-ti*, *bhar-ti*, *bibhar-ti*, voranbewegen, tragen, fahren, führen, daher im Sanskrit *bhara*, die Bahre, das Tragende, *bharma*[1], *φέρμα*, die Bürde, Last, *bharatar*, mit Vorsprung des *r*, *bhraatar = bhrâtar*, Träger, Erhalter, Beschützer, *bhrâtrja*, *φρατρία*, Bruderschaft, æol. ohne *h*, *ϝρατρα*, goth. *bhrâtar*, mit Verschiebung des *h*, *brôthar*, Bruder, lat. *frâter*; ferner

[1] Was wohl eher als *dharma* in *ferme*, *firmus*, übergegangen. Vergl. Note S. 55.

bhara, mit dem Neutralsuffixe *as*, *bhar-as*, das Getragene, Getraide, Feldfrucht, wie lat. *far-is* = *fars*, Genit. *farsis* = *farris*, samt *far-ina*, goth. ohne *h*, *bar-is*, Genit. *barizis*, Adject. *barizeins* (Varizin, Gerstenfeld). — Die urspr. Form von *bhara* ist *vhara*, und bildete mit Suffix *dha vharadha*, *vhardha*, voranbewegen thun, tragen machen; daher *vhardha* als Verbum im Sanscrit, ohne *h* im Anlaute, *vardha*, *vardha-ti*, fördern, wachsen, als Substant im Lat. *vh*=*f*, *fardha* = *forda*, *fordeum*, oder ohne *v*, *harda*, *horda*, *hordeum*, ein Aehren oder Frucht tragendes Gewächs, namentlich Gerste, im Althd. mit Uebergang von *h* in *g*, *gardha* = *garda*, mit Suffix ta, *gard-ta* = garsta, Gerste, im Griech. ohne *v* mit Uebergang von *h* in *k*, *καρδα*, *ρ* vorgerückt, *κραδα* = *κριδή*, die Gerste. Ueber *h* = *g* und *k* vergl. Geheimniss des Spir. Asper, S. 58, oder Corssen, Beitr. S. 53.

Bhraga, *bhraga-ti*, brechen, zerbrechen, zerreissen, von *bha*, voran, fort, und *raga*, regen, recken, also *bharaga*, synkop. *bhraga*; daher goth. ohne *h*, *brakan*, *brikan*, *brukans*, brechen, recken, kämpfen, streiten, samt *brak-ja*, Kampf; lat. *frango*, d. i. *fraga* mit Suffix *na*, *fragna*, *n* vorgerückt, *franga*, *frango*, *frēgi*, *fractum*, letzteres mit Ausfall des *c*, *frātum* = *frētum*, die Meerenge, d. i. Durchbruch des Meeres; vergl. griech. *φρηγή*. mit Abfall des *φ*, *ῥηγή*, *ῥῆγμα*, *ρηγνύω*, *ῥήγνυμι*, *Ῥήγιον*, *Rhegium*. — Die urspr. Form von *bhraga* ist *vha-ra-gha*, ohne *h*, *varaga*, Synkop. *vraga* = *vraka*, Sanskr. *vrka*, das reissende Thier, namentlich der Wolf, gleich altnord. *varga*, alts. *warag*, althd. *warg*; redupl. mit Wurzelkürzung wurde *vraga* zu *vavrga* = *vaurga*, althd. *wûrga*, *wûrgan*, *wûrgjan*, würgen, daher der Würger. Graff, althd. Sprachschatz. I, 979 ff. Curtius, § 89.

Bhuǵa, *bhuǵa-ti*, biegen, krümmen, auf die Seite drängen, von *bha* und *vaga* (Stamm von *vanka*), weitergebildet durch *va*, *bh-vag-va* = *bhugva*, palatalisirt, *buǵa*; daher auch *bhugva*, ohne *v*, *bhuga*, Bug, Biegung, Krümmung, Ring, Spanne, franz. *boucle*. Vergl. deutsch, *fuge*, fügen, lat. *fuga*, *fugere*, griech. *φυγή*, *φύγειν*, goth. *biuga*, *biugan*, *baug*, *bûgans*, deutsch, beugen, biegen, Prät. bog, boc, daher Bogen, Bock, bocken, bucken, bücken u. s. w.

Bhû, *bhava-ti*, wachsen, werden, entstehen, wohnen und bauen, von *bha* und *va*, im Sinne von bewegen, lebensthätig seyn, also *bhava*, contrah. *bhû*, lebensthätig vorandringen; daher *bhû-ti*, das Wachsen, Werden, Wesen, *bhûman*, Gewächs, *bhûmi*, fruchtbares Land, Erdreich, lat. ohne *b*, *humus*, althd. ohne *h*, *pûa*, *bûa*, *bûan*, bauen, *bûwan*, bebauen, der Bau, Bauer, Baum, *poum*, *boum*, griech. *φύειν*, *φῦμα*, *φύτον*, lat. *fûo*, *fûi*, *fûere*, *fôre*.

Bhû, *bhava-ti*, hauchen, blasen, dampfen, rauchen, ausgehend von *va*, im Sinne von wahen, wehen, hauchen. Es ist dies ein Verbum, von dem nur noch einzelne Ableitungen vorhanden sind, und dahin rechnen wir unter andern: *bhû-ma*, lat. *fû-ma*, *fûmare*, *fûmigare*, samt *fûmus*, *fûligo*, nebst *suffîre*, *suffîmen*, *suffîmentum*, Rauchwerk, und griech. *φυσάειν*, blasen, Wind machen, samt *φῦσα*, das Blasen, *φυσαλίς*, die Blase, *φύσημα*, Hauch, Wind u. s. w. Vergl. Curtius,

Grundz., § 320, und Corssen, Beitr., S. 178, wo man noch festhält an dem unorganischen *dh* = *f*, und *fûmus* von *dhûma* ableitet.

Bhudha, gewöhnlich *budha*, *bodha-ti*, wahrnehmen, erkennen, einsehen, wissen, von *vadha* = *vada*, *vida*, *veda*, griech. *ἴδειν*, *οἶδα*, lat. *vidêre*, sehen, merken, redupl. *vavadha*, synk. *vvadha* = *bvadha* = *budha*; daher im Part. Pass. *budh-ta*, *ht* umgestellt in *th* = *dh*, *buddha*, erkannt und erkennend, *budh-ti* = *buddhi*, die Einsicht, das Wissen, der Buddhismus. Vergl. die « kühne Gruppirung » dieser und ähnlicher Wörter bei Aug. Fick, S. 1033 f.

Allgemeine Bemerkung.

Sehr viele Wörter, welche ursprünglich mit *gha* oder *dha*, *sha*, *bha*, *vha* anlauteten, lieszen im Laufe der Zeit den ersten Consonanten ihres sogenannten aspirirten Anlautes fallen, was wohl der Fall war bei allen indogermanischen Wörtern, welche heute mit *h* anlauten. Nur im Griechischen trat an die Stelle des ursprünglichen *H* zuerst ein halbes *H* in der Form von ⊦, das dann später durch ein Häkchen in der Form von ˫ über dem folgenden Vocal, und zuletzt durch ein kleines ʽ unter dem Namen des Spir. asper ersetzt wurde. Dass es schon in den frühesten Perioden der indogermanischen Sprachen ähnliche Lautcomplexe auch unter den Tenues gab, wie z. B. *paha* = *pha*, bezeugt wohl das griech. *φάρειν*, *φέρειν*, wie das goth. *faran* und das lat. *far-re*, *ferre*, samt dem *zend fara* = *fra*, wobei zu bemerken, dass im Gothischen sämmtliche anlautende d. i. wurzelhafte *p*, scheinen schon bei der primären Stammbildung in jenem Complexe aufgegangen, und gleich *bh* zu *f* geworden zu seyn, während im Sanskrit nur wenig anlautende *p* sich zu sogenannten Aspiraten gestalteten.

Anmerkung zu *bhaga*.

Nehmen wir die Wurzeln *va*, *ba*, *pa*, samt den Stämmen *bha*, *φα*, *fa*, im Sinne von waiden, ernähren, so liefern sie uns der Reihe nach mit verschiedenen Suffixen folgende Wortgebilde: *va* mit *dha*, *vadha*, *vadhan*, angls. *vădhan*, waiden, ohne *h*, *vadan*, althd. *wadon*, weitergebildet, *wadjan* = *wajdan*, waiden, weiden; *va* mit *ra*, *vara*, lat. *vora*, *vorare*, fressen, verschlingen, samt *vorago*, *vorax*, *voracitas*; *va* mit *sca*, *vasca*, lat. *vesca*, Speise, samt *vescor*, *vesci*; *ba*, griech. *βα*, *βο*, *βόειν*, mit *ϱα*, *βοϱα*, *βοϱός*, gefräszig, samt *βοϱόσκειν*, *ϱ* vorgerückt, *βϱοοσκειν* = *βϱώσκειν*; *bă*, griech. *βα*, *βο*, mit *σκο*, *βόσκειν*, samt *βοσκή*, Waide, und *βόσκημα*, das Gewaidete, das Vieh; *pa* mit *sco*, lat. *pasco*, *pavi*, *pastum*, *pascere*, samt *pastor*, der Waider, Hirt; *pa* mit *gha*, *pagha*, sanscr. *paça*, *paçati*, waiden, weitergebildet mit *va*, *paçva* = *paçu*, das Vieh; *bha* mit *gha* = *ga*, sanskr. *bhaga*, *bhaga-ti*, waiden, speisen, samt *bhaga*, die Speise und der Speisegeber; *φα* mit *γα*, *φαγα*, *φαγός*, der Fresser, samt *φάγειν*, essen, und *φηγός*, Speiseiche, lat. *fagus*, Buche; *fa* mit *ghă*, *fagha*, waiden, goth. ohne *h*, *faga* = *figa*, mit Suffix *va*, *figva* = *fihva*, *i* vor *h* = *ai*, *faihva* = *faihu*, das Gewaidete, das Vieh; *fa* mit *dha*, *fadha*, goth. ohne *h*, *fada*, *fadan*, waiden thun, ernähren, samt *fodjan*, althd. *fadjan* = *faidan*, fleiszig waiden, mästen, im Part. Präs. *faidit*, synkop. *faidt* = *faist*, fett; vergl. S. 31.

Uebrigens reducirt sich das zuerst genannte *vadha* wohl gern auf das einfache *vada*, waiden, und enthüllt uns dann durch Abwurf seines *v* das bis jetzt noch verhüllte indogerm. *ada*, *ada-ti*, essen; sanskr. *ada*, *ada-ti*, synkop. *ad-ti* = *atti*, samt *atta*, Vater; griech. *ἄδειν*, *ἔδειν*, samt *ἔδα-νος* und *ἔδε-τος*, daher denn *ἔδετ-μα* = *ἔδεσμα*; lat. *edo*, *edi*, *ede-re*, oder *ede-se*, synkop. *ed-se* = *es-se*, samt *es-u*, *es-um*, *es-urus*, *esurio*; goth. *atan*, *itan*, Prät. *ât*, *êtum*, samt *fra-itan*, fressen; althd. *atan*, *azan*, *ezan*, Prät. *âz-*, *âzung*, *ezzen* = essen, Prät. *asz*.

Daneben lieferte das Part. Präs. dieser Verben im Sanskr. *adant*, aphär. *dant*; im Griech. *ἔδοντ*, *ὄδοντ* = *ὀδοῦς*, oder *ὀδών*; im Latein. *edens*, aphär. *dens*, *dentis*; im Goth. *itand*, aphär. *tand*, *tandhus*, *tunthus*; im Althd. *ezant*, aphär. *zant*, *zan*, der Zahn, d. i. der Essende, oder der Beiszende, von *bi-itan*, contrah. *bîtan*, *bîzan*, beiszen, beessen, was mit Vorschlag von *s* = *sa*, *sbîzan* = *spîzan*, *speizen*, speisen, samt Speise nebst *inbisz* = *imbisz*, Imbs, absetzte.

III. BEILAGE.

Das Gesetz der Lautverschiebung.

(zu Seite 30.)

Dieses Gesetz, das heute die Hauptgrundlage der vergleichenden Sprachforschung bildet, ist eine Entdeckung, die wir Jacob Grimm, dem verehrten Altmeister der neuern Sprachforschung verdanken, und über deren Veranlassung wie deren weitere Ausbildung er in seiner Geschichte der deutschen Sprache, 1868, S. 275 ff., folgende Auskunft gibt:

« Warum haben, wenn man urverwandte Wörter vergleicht, zwischen ihnen und dem entsprechenden Ausdruck im Deutschen jedesmal Abweichungen der Stufe stummer Consonanten statt? — Alle übrigen stimmen, das deutsche Wort entfernt sich, z. B. sanskr. *pitr*, lat. *pater*, griech. *πατήρ*, goth. *fadar;* sanskr. *prathamas*, griech. *πρᾶτος*, lat. *primus*, goth. *fruma;* griech. *φέρω*, lat. *fero*, goth. *baira;* griech. *κυών*, lat. *canis*, *ir. cu*, goth. *hunds;* griech. *γένος*, lat. *genus*, goth. *kuni;* griech. *χόρτος*, lat. *hortus*, goth. *gards;* sanskr. *tvam*, lat. *tu*, litth. *tu*, goth. *thu;* sanskr. *tri*, griech. *τρεῖς*, lat. *tres*, litth. *trys*, goth. *threis;* sanskr. *dantas*, lat. *dens*, litth. *dantis*, goth. *tunthus;* griech. *θυγάτηρ*, goth. *dauhtar*.

« Wir haben vorhin erkannt, dass in allen Sprachen die Stufen der Muta eines und desselben Wortes abwechseln, je nachdem ein vorausgehender oder nachfolgender Buchstab es erfordert. Bei der Verschiedenheit, von welcher jetzt zu handeln ist, weichen aber die Mutæ im Verhältniss einer Sprache oder einer Mundart zur andern ab, ohne dass sie durch andere Buchstaben hervorgerufen wäre. Es ist eine gleichsam ausserhalb der Sprache gelegene Gewalt, die diese wunderbare Wirkung hervorgebracht hat, und die ein Gesetz begründet, das einfach also lautet: Die Media jedes der drei Organe geht über in Tenuis, die Tenuis in die Aspirata, und die Aspirata wieder in Media. Hiernach entspringen neun Gleichungen, welche in vollständiger Theorie also aufzustellen wären:

Griech.	B,	P,	PH	—	C,	K,	CH	—	D,	T,	TH.
Goth.	P,	PH,	B	—	K,	CH,	G	—	T,	TH,	D.
Althd.	PH,	B,	P	—	CH,	C,	K	—	TH,	D,	T.

« Wirklich aber verhält es sich nicht ganz so, und wie schon die oberste griechische Reihe im Lateinischen anders zu bestimmen wäre, so erleiden auch die gothischen und althochdeutschen folgende Veränderungen:

Goth.	P,	F,	B	—	K,	H,	C	—	T,	TH,	D.
Althd.	PH,	F,	P	—	CH,	H,	K	—	Z,	D,	T.

« Uebrigens gilt die Regel, dass die Ordnung des Verschiebens am strengsten im Anlaut zu erkennen sey. »

Fassen wir nun angesichts dieser Theorie der Lautverschiebung vor allem die Frage nebst den Thatsachen, von welchen der verehrte Gründer derselben ausgegangen, näher in's Auge, so ist es uns in Folge unserer Erörterung der sogenannten Aspiraten in der vorhergehenden Beilage wohl erlaubt besagten Thatsachen, im Interesse der vergleichenden Sprachforschung, folgende Bemerkungen beizufügen:

1. «Sanskr. *pitr*, lat. *pater*, griech. *πατήρ*, goth. *fadar*», nebst althd. *fatar*, vater. Die drei ersten Formen dieses Wortes gehen aus von dem indog. *pâ*, oder dessen Wurzel *pa*, waiden, woraus dann mittelst des Suffixes *tar* das nom. agent. gebildet wurde. Was dagegen das Gothische betrifft, so kommen in dem bekannten Sprachschatze desselben höchstens drei Wörter vor mit ursprünglich anlautendem, d. h. wurzelhaften *p*, so dass wir annehmen müssen: entweder hatte das Gothische ursprünglich nicht mehr derartige *p*, oder die, welche es hatte, sind gleich andern Labialen, und auf dieselbe Weise, schon sehr früh zu *f* geworden; also *pa* + *a* = *paha*, synkop. *pha* = *fa*, wie *bha* = *fa*, soviel als waiden, daher denn *fa-dan*, waiden thun, ernähren, und *fa-dar*, Waider, Ernährer, das einzige nom. agent. in dieser Form neben *brô-thar*, urspr. *bhrâ-tar*, *dauh-tar*, *svis-tar* u. s. w.

2. «Sanskr. *prathamas*, griech. *πρᾶτος*, lat. *primus*, goth. *fruma*», nebst zend, *fratema*. Diese Wörter gehen aus, theils von *para*, theils von *fara*, was synkop. die Präposition *pra*, *pri*, *pro*, *fra*, *vor*, vorwärts bildete. Wohl heiszt es: «Alle übrigen stimmen, das deutsche entfernt sich», was aber nicht gerade immer der Fall ist, wie denn auch hier nicht blosz im Gothischen, sondern auch in dem urverwandten Zend, das freilich von Grimm nicht erwähnt wurde, *fra* neben *pra* erscheint. Doch kann bei *fruma*, wie bei *fratema* nicht die Rede seyn von Verschiebung des *p* in eine höhere oder niedrigere

Lautstufe, sondern nur von Uebergang desselben aus dem Stande eines einfachen Lautes in den eines Misch- oder Doppellautes, d. h. *p*+*h* : *f* = *c*+*s* : *x*.

3. « Griech. *φέρειν*, lat. *fero*, goth. *baira* », nebst goth. und althd. *faran*, *farjan*. Diese Wörter sind sämmtlich ausgegangen von indog. *bhara* oder *phara*, und das goth. *faran* steht mit *φάρω* = *φέρω* samt *faro* = *fero* auf völlig gleicher Stufe. Was daneben das andere goth. Wort, *baira*, betrifft, so ist es eine einfache Entfaltung von indog. *bhara* mit Reduction von *bh* auf *b*, also *bara*, weitergebildet *barja* = *baira*, *bairan*, althd. *përan*, mit Uebergang der Media in Tenuis. Jedenfalls kann aber bei *bairan* nicht die Rede seyn von Lautverschiebung wie bei *përan*, sondern blosz von Reduction eines Doppellautes auf seinen einfachen Anlaut, d. h. *bh*-*h* : *b* = *x*-*s* : *c*.

4. « Griech. *κυών*, lat. *canis*, irisch *cu*, goth. *hunds* », nebst sanskr. *çvan*, alb. *κέν*, altfrz. *kiens*. Alle diese Wörter gehen aus von dem indog. *ghava*, sey's im Sinne von fassen, oder von zeugen; daher im Goth. mit gewohntem Abfall des *g*, *hava*, *havan*, im Part. Präs. synkop. *hvand* = *hund* nebst *hinthan*, angls. *huntjan*, fangen, jagen; im Griech. gleichfalls mit Abfall des *g* und Uebergang des *h* in *k* vor nachfolgendem Consonanten, daher *hava*, synkop. *hva* = *κϝα*, *κϝειν* = *κύειν*, im Part. Präs. *κυοντ* = *κυάν*, *κύν*, *κυνός*; im sanskr. mit Uebergang von *gh* in *ç*, *çava*, im Part. Präs. synkop. *çvant*, mascul. *çvan*, oder *çun*, *çuni*, was dann im Latein in *canis*, im Alban. in *κέν*, in den Veden mit Wegfall von *n* in *çvâ* und im Irischen in *cu* übergegangen. Aber wo hat hier im Anlaute eines Wortes

eine Lautverschiebung stattgefunden? — Offenbar überall, nur nicht im Gothischen, das seiner Gewohnheit gemäsz blosz das primitive *gh* auf *h* reducirte, welches aber fälschlich als Aspirate von *k* betrachtet wird. Vergl. Grimm, Gesch. d. d. Sprache, S. 26 f., und Curtius, Grundz., § 84, wo die goth. Form dieses Wortes noch ein *crux interpretum* bildet.

5. «Griech. *γένος*, lat. *genus*, goth. *kuni*», nebst sansk. *ǵanas*, nord. *kyn*, angls. *cynne*, althd. *chunni*, *cunni*, *kunni*. Diese Wörter gehen aus von dem indog. *gva*, oder *ghva*, zeugen, gleich dem vorhergehenden *ghava*; daher *gva* im Part. Perf. Pass. *gvana*, mit dem Neutralsuffixe *as*, *gvanas*, im Sanskr. palat. *ǵanas* (*dschanas*), im Latein. mit Ausfall des *v*, *ganas* = *genus*, griech. *γένος*, während im Gothischen, dessen Gewohnheit gemäsz, das *g* mit nachfolgendem *v*, wenn auch dieszmal nicht in *qu*, doch in *ku* übergegangen, und so *kuni* absetzte. Von einer Lautverschiebung, die «nicht durch einen vorhergehenden oder nachfolgenden Buchstaben veranlasst wäre», kann aber bei *kuni* so wenig als bei dem verquetschten *ǵanas* die Rede seyn[1].

6. «Griech. *χόρτος*, lat. *hortus*, goth. *gards*, nebst althd. *garto*, Garten. Diese Wörter wurzeln in dem indogerm. *ghara*, *gharati*, zusammenfassen, einfassen, im Part. Perf. Pass. *gharta*; daher im Latein. mit Abfall des *g*, *harta*, *horto*, *hortus*, im Goth. mit Ausfall des *h*, *garta* übergehend in *garda*, *gards*, und im Althd. *garto* mit der Tenuis der Urverwandten. Nirgends aber ist im

[1] Hierher gehört wohl auch sanskr. *gava*, *gau*, *gâ*, *gâo*, althd. mit vollem Anlaut *ghava* = *chûa*, *cûa*, *kô*, die Kuh, das Rind.

Anlaut eines Wortes eine Spur von eigentlicher Lautverschiebung, es seye denn in *χόρτος*, wo *gh* in das entsprechende *χ* übergegangen.

7. «Sanskr. *tvam*, *tva*, lat. *tu*, litth. *tu*, goth. *thu*», nebst zend *thvam*, engl. *thou*, althd. *thû* und *dû*. Von einem Lautübergang, und zwar von dem inmitten der germanischen Stämme ganz gewöhnlichen, kann nur bei dem von Grimm nicht erwähnten *dû* die Rede seyn. Was aber den Unterschied zwischen *tham* und *tvam*, oder *thu* und *tu* betrifft, wie er schon in dem urverwandten Sanskrit und Zend vorkommt, so beruht er nicht auf einer Lautverschiebung, sondern darauf, dass bei der dialektischen Differenzirung dieser Wörter bei dem einen der Doppellaut *th*, und bei den andern das einfache *t* festgehalten wurde. Uebrigens gingen vielleicht alle diese Wörter ursprünglich aus von einem indog. *dhva*, dem das althd. *dû* noch am nächsten steht.

8. «Sanskr. *tri*, griech. *τρεῖς*, lat. *tres*, litth. *trys*, goth. *threis*», nebst Zend *thri*, althd. *thrî*, *trî* und *dhrî*, *drî*, *drey*. Was wir bei den vorhergehenden Wörtern bemerkten, gilt auch von diesen, nur mit der Nebenbemerkung, dass hier im Althd., abgesehen von aller Urverwandtschaft, alle nur möglichen Formen des dentalen Anlautes ihr Wesen haben, ganz wie bei *dhuruh*, *durc*, durch, und *thuruh*, *turc*, *turu*, die wahrscheinlich ausgehen von *tura*, die Thüre, mit dem indog. Instrumentalsuffixe *vhi*, also *tur-vhi*, apokop. *turvh* = *turuh*, *turu* oder *turû*, portæ via. Siehe oben S. 62, *bhi*, *φι*.

9. «Sanskr. *dantas*, lat. *dens*, litth. *dantis*, goth. *tunhtus*», nebst alts, *tand*, angls. *todh*, althd. *zant*, *zan*,

griech. *ὀδοῦς*. Die meisten dieser Wörter haben im Anlaut eine Media, welche das Goth. Alts. und Angls. nach ihrer Gewohnheit sich erlaubten, in eine Tenuis übergehen zu lassen, während das Althd. sie in eine Spirans verwandelte, was nach Grimm, S. 277, doch nur bei der Aspirate *th* geschehen sollte.

10. «Griech. *θυγάτερ*, goth. *dauhtar*», nebst zend *dughtar* = *dugdhar*, sanskr. mit Ausfall des *g*, *duhitar*, litth. *dukte*, alts. *dohtor*, althd. *tohtar*, Tochter. Nach Aug. Fick, Wörterb., S. 103, lautet die Grundform dieser Wörter *dugh*, *ducere*, ziehen, melken, was dann das Nom. agent. *dughtar*, goth. ohne *g*, *duhtar*, *uh* = *auh*, *dauhtar*, die Melkerin, absetzte; vergl. *svasar*, S. 82. Von einem Lautübergange, wie der Media in Tenuis, kann nur bei den von Grimm nicht erwähnten deutschen Formen die Rede seyn. Was aber das goth. *d* gegenüber dem griech. *θ* betrifft, so bezeugt eben dieses *θ*, dass die Grundform dieser Wörter doch nicht *dugh*, sondern *dhugha*, oder *dhvagha*, lautete, und dass folglich wenn hier etwas wie eine Lautverschiebung stattgefunden hätte, solches nicht erst im Gothischen, sondern schon in dem urverwandten Sanskrit und Zend geschehen wäre, mit denen das Gothische hier ganz auf gleicher Stufe steht.

Aus diesen Erörterungen der 10 Beispiele, von welchen der verehrte Gründer der Theorie der Lautverschiebung ausgegangen, erhellt also: dass allerdings die Media in Tenuis überzugehen pflege, jedoch keineswegs, wie es, Gesch. d. d. Sprache, S. 276 und 291, heiszt, dass « die Tenuis sich zur Aspirata verdickt, aus der dann die einfache Media abtropft ». Vielmehr fanden wir überall, dass, wo eine Media aus einer Aspirata hervorgegangen, letztere auch nur aus einer Media entstanden war. Diese Media aspirata, wie *gh*, *dh*, *bh*, entstand aber, nach unserer Ansicht, auf keinem andern Wege als dadurch, dass die Media nach Ausfall eines Vocals zwischen ihr und einem folgenden *h* in Verbindung mit diesem jenen Doppellaut bildete, der, je nachdem das eine oder andere Element desselben erschlaffte, sich reducirte, bald auf die einfache Media, bald auf das einfache *h;* daher denn auch hier nicht von irgend welcher Verschiebung eines Lautes auf eine höhere oder niedrigere Stufe, sondern blosz von Bildung und Trennung oder Reduction eines Doppellautes die Rede seyn kann. Es sind diesz aber zwei wesentlich verschiedene Lautveränderungen, welche, wenn sie beide in dem System der Lautverschiebung eine Stelle haben sollen, doch einige Modificationen desselben erfordern, zu denen der verehrte Baumeister dieses Systems, wäre er noch in unserer Mitte, wir haben das Vertrauen zu ihm, gewiss seine Zustimmung nicht versagen würde.

1. Anmerkung.

In Betreff der sogenannten Spiranten und Muten, als da sind die labialen *v*, *b*, *p*, die gutturalen *j*, *g*, *k*, und die dentalen *d*, *t*, *s*, neben *z*, gilt es uns als Thatsache, in der Geschichte der verschiedenen indogerm. Sprachen: dass in jeder derselben, im Laufe der Zeit und unter dem Einflusse wechselnder localer, socialer und klimatischer Verhältnisse, ein Uebergang besagter Laute sowohl von den schwächeren Formen in die stärkeren, als hin und wieder auoh von den stärkeren in die schwächeren stattgefunden hat. Letzteres war der Fall namentlich bei manchem der germanischen Dialekte, wie denn auch beides so ganz dem natürlichen Verlaufe in der Geschichte aller organischen Gebilde entspricht. Doch irren wir hoffentlich nicht, wenn wir annehmen, dass in den früheren Perioden der Entwicklung sämmtlicher indogermanischer Sprachen vor allen die Mediæ vorwaltend waren, die Tenues aber groszentheils später eintraten, wie denn auch Grimm, Gesch. d. d. Spr., S. 291, die Media als « Grundlage des Consonantismus » anerkennt, und von ihr aus die Lautverschiebung anheben lässt.

2. Anmerkung.

In Betreff der sogenannten Aspiraten, d. h. der uralten Doppellaute, namentlich *gh*, *dh*, *sh*, *vh*, *bh*, gelten uns folgende dialectische Lautveränderungen als historisch-grammatisch begründete Thatsachen:

a. Indogerm. *gh* erscheint im Sanskr. voll, theils in der Form von *gh*, theils in der von *ç*, und daneben gespalten oder reducirt, bald auf *h*, bald auf *g*, das dann häufig übergeht in *k;* im Griech. voll in der Form von *χ*, und reducirt, bald auf *γ*, bald auf *h*, das vor Consonanten entweder schwindet, oder gleich *γ* in *k*, und vor Vocalen in den Spir. asper übergeht; im Latein. nie voll, nur reducirt, zuweilen auf *h*, meistens aber auf *g*, das dann häufig übergeht in *c;* im Goth. nie voll, nur reducirt, bald auf *h*, bald auf *g*, die beide gleichfalls häufig übergehen in k; im Althd. voll, namentlich im Fränkischen, in der Form von *ch*, daneben reducirt, bald auf *h*, bald auf *g* mit Uebergang in *c* oder *k*. Vergl. S. 50 ff.

b. Indogerm. *dh* erscheint im Sanskrit meistens voll als *dh*, und daneben reducirt, bald auf *d*, bald auf *h*; im Griech. meistens voll in der Form von *ϑ*, und zuweilen reducirt auf *δ* und *τ*; im Lat. nie voll, meistens reducirt auf *d*, das zuweilen übergeht in *t*; im Goth. nie voll, gewöhnlich reducirt auf *d*, auch einigemal auf *t*, wie in *tiuhan*, indog. *dhugha*; im Althd. nie voll, meistens reducirt auf *d* oder *t* mit Uebergang in *s* oder *z*. Vergl. S. 54 ff.

c. Indogerm. *sh* erscheint im Sanskr. als Anlaut wohl nur einmal voll in der Form von *sh*, namentlich in *shash*, sechs, sonst in der Form von *sk*, und reducirt auf *s*; im Griech. voll nur in der Form von *σκ*, sonst häufig reducirt auf *h*, das vor Consonanten übergeht in *γ* oder *κ*, und vor Vocalen zu Spir. asper wird; im Latein. voll nur in der Form von *sc*, sonst reducirt auf *s*; im Goth. nur als *sk*, sonst reducirt auf *s*; dessgleichen im Althd. und im Neuhd. mit Uebergang von *sc* oder *sk* in *sch*. Vergl. S. 57 ff.

d. Indogerm. *vh* = *bh* erscheint im Sanskrit in der vollen Form von *bh*, und daneben nicht selten reducirt auf *b*. In den übrigen Sprachen ist *vh* = *bh* grösztentheils in *ph* oder *f* übergegangen, das wohl häufig auch aus *p* entstanden. Uebrigens erscheint *bh* oder *ph* im Griech. archaisch als *ΠH* oder *ΠH*, æol. *ΠΓ*, *jon Φ*. Im Latein. erscheint *bh* gewöhnlich als *f* neben Reduction auf *b*, seltener auf *h*, wie im Spanischen; dessgleichen im Goth. als *f* neben Reduction auf *b*; im

Althd. ebenfalls als *f* neben Reduction auf *b* mit Uebergang in *p*, das dann im Neuhd. wieder als *b* erscheint. Daneben ist jedoch in manchen goth. und althd. Wörtern, wie *fidvor*, *fim*, *fior*, *finf* u. s. w., das *f* offenbar weder aus *bh* noch aus *ph* hervorgegangen (s. Beil. IV), und es ist daher anzunehmen, dass namentlich im Germanischen schon früh auch auf anormalem Wege *v* und *p* in *f* überzugehen pflegten. Vergl. S. 60.

Eine genauere und weitere Zusammenstellung dieser Lautveränderungen, namentlich in den nicht erwähnten Sprachen und Dialekten, überlassen wir Andern, indem wir schlieszlich noch einmal unsern Protest aussprechen gegen allen unorganischen Lautwandel, namentlich in der Weise folgender Grundsätze der neuern Sprachforschung:

a. « Die historische Betrachtung ergibt, dass der Hauchlaut im Griechischen (Spir. asper) nur das Residuum eines in der gräco-italischen Periode noch vorhandenen Spiranten, namentlich eines *s*, *v* oder *j* ist. » Curtius, Grundz., S. 634. Vergl. dagegen Geheimniss des Spir. asper., S. 73 ff., oder hieroben S. 66.

b. « Der den italischen Sprachen eigenthümliche labiodentale Hauchlaut *f* ist nicht blosz aus der labialen Media aspirata *bh*, sondern auch aus der lingualen *dh* und zuweilen aus der gutturalen *gh* hervorgegangen. » Corssen, Beitr., S. 116. Vergl. dagegen Geheimniss des Spir. asper., S. 81 ff.

c) « Uebergang der Lautgruppe *sc* in *sp* ist für das Lateinische nachgewiesen, wie in *spolium*, *spoliare* und *spuma, spuere.* » Corssen, Beitr., S. 157. Vergleich. dagegen Geheimniss des Spir. asper, S. 70.

d) « Dem *k* schlieszen sich häufig unwillkürliche Mitlaute an, namentlich *v* und *j*, die gleich Schmarotzerpflanzen sich bei andern Pflanzen einnisten, und sie oft völlig zerstören. So ward k durch parasitisches *v* zu *kv*, dann oft zu *p*, so anderwärts durch parasitisches *j* zu *kj*, sanskr. *ḱ*, und bisweilen zu *t*, ebenso *g* zu *gv*, dann oft zu *b*. » Curtius, Grundz., S. 418. Vergl. dagegen die folgende Beilage samt Schlussbemerkung.

e) « Die altindischen Laute *k*, *c*, *ç*, *p*, sowie die griechischen *κ*, *π*, und die lateinischen *c*, *qu*, sind sämmtlich Vertreter des indogermanischen *k*. » Delbrück, Zeitschr. für deutsche Philologie, I, 20. Vergl. dagegen Erklärung der goth. Wörter, welche mit *q* anlauten. S. 42.

IV. BEILAGE.

Die Palatale in dem Sanskrit.

(zu Seite 23.)

Was den in Wörtern wie *anǵa, anǵa-ti*, neben *angva, angva-ti*, vorkommenden Uebergang von *gv* in *ǵ* = *dsch*, sowie den Uebergang von * çv* oder *kv* in *ḱ* = *tsch* betrifft, so ist dies eine Erscheinung, welche im Sanskrit bei *çv* und *kv* sehr häufig, und bei *gv* ohne Ausnahme, namentlich vor Vocalen stattfindet. Bevor wir jedoch die gewöhnlichen Erklärungen dieser Erscheinung besprechen, vergleiche man folgende Wortgebilde:

1. *Ḱatvar, ḱatur, ḱatvâras,* vier, vielleicht von indog. *gh-vaha-tvar*, Wagendrücker, *vector quadrupes*, mit Ausfall von *ha*, *ghva-tar*, daher im Sanskrit *çva-tvar*, palat. *ḱatvar*, und im Lat. *quatuor*, *v* assim. *quattor*, litth. *keturi*. Im Griech. lieferte *ghvatvar*, durch Aphärese von *ghva*, *tvar*, Drücker, redupl. *tetvar*, *v* assim. τετταϱ, τέτταϱες = τέσσαϱες, dor. τετϝαϱ, ohne ϝ, τέτοϱ, τέτοϱες. Daneben wurde *ghvatvar* durch Aphärese von *gh* zu *vatvar*, mit verstärktem Anlaute, *patvar*, was dann æol. πετϝαϱ, ϝ assim. πεττοϱ = πέσσοϱ, πέσσυϱες, sowie im Goth. *padvar* = *fidvor*, und althd. *fior*, vier, absetzte. Vergl. Curtius, § 648.

2. *Ḱarman,* Fell, Hülle, Decke, von *gha-vara*, synkop. *ghvara*, wahren, decken, umschlieszen, daher mit

Suffix *man ghvar-man*, im Sanskr. *çvar-man*, palat. *ḱarman*, Vergl. *varman*, Panzer, franz. *vareuse*, Ueberhemd von grobem Stoffe.

3. *Ḱasha*, *ḱasha-ti*, essen, verzehren, urspr. *gh-vasha*, im Sanskr. *çvasha*, palat. *ḱasha*. Ohne den Vorschlag von *gh* entspricht dieses Wort dem lat. *vasha* = *vasca*, *vesca*, *vesci*, mit verstärktem Anlaute, *pasci*, *pascere*. Schlägt man *sh* statt *gh* vor, so erhält man *shvasha*, mitwaiden, und als Nom. agent. das bis jetzt noch unaufgeklärte *shvashar*, oder *shvasthar*, im Sanskrit mit Ausfall von *h*, *svasar*, lat. *sosor* = *soror*, goth. *svastar* = *svistar*, neuhd. *schwester*, cornw. mit gewohntem Abfall des *s*, *hvar* = *hvir*, *huir*, die Mitwaiderin, die mit oder gleich den Brüdern der Heerde wartet; vergl. hebr. *reah* und *reeh*, 1 Mos. 29, 9.

4. *Ḱid* oder *kad*, Pron. interrog. ursprünglich wohl *ghvad* = *çvad*, oder ohne *h*, *gvad* = *kvad*, *kvid*; daher mit Ausfall des *v*, *kad*, *kid*, oder mit *v* palat. *ḱid*; osk. mit Abfall des *k*, *vid* = *pid*; goth. *ghvas*, mit Abfall von *g*, *hvas*, *hvô*, *hva*, althd. *hwër*, *hwaz*; lat. *quis*, *quæ*, *quid*.

5. *Ḱita*, *ḱeta-ti*, wahrnehmen, beachten, samt *ḱitta*, *ḱitti*, das Denken, die Einsicht, *ḱitra*, augenfällig, offenbar. Diese Wörter sind wohl verwandt mit dem folgenden *çva* = *çu* und *çvi*, brennen, leuchten, samt *çveta* = *çjeta*, neben *çvena* = *çjena*, palat. *ḱjent*, licht, hell, weisz; vergl. Schleicher, Comp. § 122, Schlussbemerkung.

6. *Çuḱa*, *çuḱa-ti*, brennen, leuchten, von indog. *ghava* = *çava*, anwahen, anhauchen, anfachen, synkop.

çva, voll redupl. *çvaçva* = *çuçva*, palat. *çuka*. Weitergebildet durch Suffix *na*, wurde *çava* zu *çavana*, synkop. *çavna* = *çauna*, *çona*, flammend, als Subst. Feuer; vergl. griech. *κυανέ-ος*, licht, bläulich, rauchfarbig[1].

7. *Gana*, redupl. *gagan-ti*, zeugen, gebären, von *ghava*, *coire*, synkop. ohne *h*, *gva*, mit Suffix *na*, *gvana*, palat. *gana*; daher mit dem Neutralsuffixe *as*, sanskr. *ganas*, lat. *genus*, griech. *γένος*, goth. *kuni*, das Geschlecht; dessgleichen sanskr. *ganî*, das Weib, griech. *gvanâ* = *γυνή*, böet. mit Abfall von *g*, *vana* = *βανά*, kelt. *ben*, altpreuss. ohne *v*, *gana*, *ganna*, goth. *quinô*, *qinô*, *qens*, althd. *quënâ*, *chonâ*; lat. *cunnus*, *pudendum muliebre*.

8. *Gathara*, Bauch, Mutterschosz, urspr. *gva-thara*, von *gva*, zeugen, gebären; daher goth. *gvathra* = *quithra qithra*, *qithus*, griech. *γάστρα*, *γαστήρ*, von *γϝαειν*, mit Ausfall des ϝ, *γάειν*, *γάνειν*, *γένειν*, *γίνειν*, *γίνεσθαι*, u. s. w., lat. *venter* von *gvana*, *gvan-tar*, mit Abfall des *g*, *vantar*.

9. *Gara*, *gara-te*, tönen, rufen, anrufen, preisen, ehren, urspr. *gvara*, daher *gvar-ta*, mit Ausfall des *v*, *garta*, durch Metathese lat. *grata*, *gratus*, *gratulari*. Ohne das anlautende *g* entspricht *gvara* dem lat. *vara*, *vere* in *vere-ri*, *revereri*, *reverendus*. Aug. Fick, S. 50,

[1] Das besagten Wörtern zu Grunde liegende *ghava* geht aus von *va*, wahen, wehen, hauchen, daher sanskr. *çava*, synk. *çva*, *çu*, anfachen, zünden. Geht man dagegen aus von *va*, wegen, bewegen, so erhält man ein *ghva*, sanskr. *çava*, synk. *çva*, das soviel heiszt als zusammenbewegen, fassen, nehmen, daher *çva*, redupl. (*çvaçva*) mit Wurzelkürzung, *çvaça*, und mit Abfall des anlautenden *ç*, *vaça* = *paça*, *paça-ti*, fassen, packen, binden; vergl. *pankan*, weiter unten.

deutet auf das altd. *quëran*, seufzen, was aber wohl zu dem lat. *queri*, *questus*, sanskr. *ç̣vas-*, *ç̣vas-ti*, hauchen, schnaufen, seufzen, gehört.

10. *Ǵîva*, das Leben, lebendig, daher *ǵîva*, *ǵîva-ti*, leben, von indog. *gva* (siehe Nr. 7), redupl. *gvagva*, mit Ausfall des letzten *g* und Ersatzdehnung, *gvâva* = *gvîva*, palat. *ǵîva*; daher auch lat. *gvagva* = *gvigvo*, mit Wegfall der Gutturale, *vîvo*, *vîvus*, *vîvere*, Perf. *vixi* von älterem *gvig-si*, wie *vita* von *gvita*; althd. *gvagva*, reducirt, *gvag* = *kvak*, *kvik*, *kvek*, *kvikjan*, *quicken*, goth. *gvagva*, mit Ausfall des letzten *g*, *gvâva*, *gvîva* = *quîva*, *quîvs*, *qîus*, Genit. *qîvis*; griech. *gvagva* ohne Gutturale, *vava* = ϝαϝα, ϝιϝος, mit Ausfall des ϝ, ϝιος = βίος, βιόω, βιότης. Vergl. Curtius, § 640.

11. *Paḱa*, *paḱa-ti*, kochen, sieden, backen, von dem, Nr. 6, erwähnten *ç̣vaç̣va*, lat. *quoquo*, *coquo*, *coquere*, kochen. Besagtes *ç̣vaç̣va* wurde nemlich durch Abfall des anlautenden *ç̣* zu *vaç̣va* = *paç̣va*, das dann im Sanskrit palat. *paḱa*, *paḱa-ti*, sowie im Griech. durch Ausfall des andern *ç̣*, *pava* = *pap-*, *pep* = πεπ-, πέπειν, πέπτειν, πέψειν, absetzte. Vergl. Curtius, § 630.

12. *Panḱan*, fünf, ausgehend von indog. *ghava*, zusammenbewegen, fassen, das im Goth. reducirt auf *hava*, *havan* = *haban*, heben, halten, im Part. Präs. synkop. *hvand*, ohne *v*, *hand*, *hand-us*, sowie im Altind. mit vollem Anlaut *ç̣ava*, im Part. Präs. synkop. *ç̣vant*, masc. *ç̣van*, absetzte. Dieses *ç̣van* wurde redupl. zu *ç̣vanç̣van*, soviel als das Fassende, die Hand oder Faust, namentlich mit ihren 5 Fingern, daher im Lat. *quanquan*, *quinquen* und *quinque*. Daneben wurde *ç̣vanç̣van*

durch Abfall des ersten *ç* zu *vançvan* = *pançvan*, was dann im Sanskr. palat. *pankan*, und im Griech. durch Ausfall des letzten *ç*, *panvan* = *panpan*, *πενπεν* = *πεμπεν*, verkürzt, *πέμπε* samt *πεμπάς* und *πεν*, mit Suffix *τι*, *πεντι* = *πέντε*, lieferte[1].

13. *Râǵa*, *râga-ti*, sich regen, erheben, hervorragen, leuchten, herrschen, vielleicht von *ara* (S. 44), durch Methathese, *raa* = *râ*, mit *ga-va*, also *râgava*, synkop. *râgva*, palat. *râǵa*, daher im Part. Präs. *râǵant*, masc. *râǵan*, Herrscher, König (Durchlaucht), fem. *râǵni*; vergl. lat. *rêgs*, *rex*, *regina*, *regere*, goth. *reikas*, *reikinôn*, indisch, *maha-râǵa*, *maharadscha*, Groszherr, Groszfürst.

14. *Rika*, *rika-ti*, flieszen, ergieszen, begieszen, *rigare*, ursprünglich *righva* = *riçva*, palat. *rika*. Durch *r* = *l* wurde *riçva* zu *liçva*, lat. *liqua*, *liquare*, *liquêre*, samt *liquet*, *liquor*, *liquamen*, *liquidus*, u. s. w. Vergl. griech. *λίχειν*, *λιχμάειν*, *λείχειν* u. s. w.

15. *Saka*, *saka-te*, sich anschlieszen, folgen, urspr. *saha-va*, mitgehen, synkop. *sahva* = *sakva*, im Sanskr. palat. *saka*, lat. *saqua*, *sequa*, *sequi*, *secutus*, *secundus*, litth. *secu*, *secuti*. Durch Ausfall des ersten *a* wurde *sahava* zu *shava* = *shapa*; daher im Sanskr. durch Ausfall des *h* nach *s*, *sapa*, *sapa-ti*, gleichfalls anschliessen,

[1] Das Lit. Centralblatt, 1876, S. 535, findet diesz alles «absonderlich, neu und unrichtig», wahrscheinlich weil abweichend von Bott, Pott, Schleicher und Curtius, Grundz. § 629, wo auch § 11 und 12 δεκα von Wurzel δεκ, δεχ, abgeleitet wird, statt von indog. *dva-çvan*, (2×5 = 10), mit Ausfall von *v*, sanskr. *daçan*, griech. δέκα, lat. *decem*, goth. *taihun*, letzteres jedoch vielleicht von *tvai-hund*, goth. *hvand* = *hund*, wie hand.

im Zend, durch Abfall des *s* vor *h*, *hapa*, *hapa-ti*, wie im Griech. *hapa*, *hepo* = ἑπο, ἕπομαι, ἕπω[1]. Reduplicirt mit Wurzelkürzung wurde *shapa* zu *shashpa*, was im Griech. durch Wegfall des *s* vor *h*, wie des *h* vor Consonanten, *haspa*, *hespo* = ἕσπομαι, ἑσπόμην, ἕσπον, absetzte. Vergl. Curtius, § 621.

Fragt man nun angesichts dieser und ähnlicher Wortgebilde nach dem Wege, auf welchem jener Uebergang von *gv* in *ǵ* und von *çv* oder *kv* in *ḱ* stattgefunden habe, so lauten die Meinungen sehr verschieden. Grossmann macht in der Kuhn'schen Zeitschr. IX, 31 ff., vor allem aufmerksam darauf, «dass die Reihe der gutturalen, palatalen, lingualen und dentalen Laute eine fortlaufende Abstufung zeige, indem bei den ersteren die Hinterzunge an den hintern Gaumen, bei den zweiten die Mittelzunge an den mittleren Gaumen, bei den dritten die Vorderzunge an den vordern Gaumen, und bei den letzten die Zungenspitze an die Zähne angelegt werde».

Dem zufolge erklärt dann Grossmann die Verquetschung von *gv* zu *dsch*, so wie die von *çv* oder *kv* zu *tsch* dadurch, dass bei jedem dieser Lautcomplexe das gutturale Element dem Organe des labialen um eine Stufe näher gerückt wurde, und so die Verquetschung oder Verschmelzung des ersteren Complexes unter dem

[1] Daher sanskr. *saptan*, zend *haptan*, griech. ἑπτα, sieben als Anschluss an sechs. Ebenso gestaltete sich das indog. *sha-vaksh*, Zuwachs, namentlich zu der Zahl fünf, im Sanskr. durch Ausfall von *vak* zu *shash*, wie im Lat. durch Ausfall von *va* und *h* zu *saks*, *seks*-*sex*, und im Griech. durch Abfall des anlautenden *s* zu *havaks*, *heveks* = ἑϝεξ, mit Abfall von ἑ, ϝέξ, æol. wie mit Ausfall von ϝε, ἕξ, jon. Vergl. Schleicher, § 237, und Curtius, § 583.

Einflusse des lingualen Organes, wie die des andern unter dem Einflusse des dentalen stattgefunden habe. Ebenso theilweise Leo Meyer, vergl. Gramm I, 29 ff. Anders jedoch Rud. von Raumer, Aspiration und Lautverschiebung, § 47, wie auch Delbrück, Zeitschr. für deutsche Philos. I, 21, Corssen, Beitr. S. 64 ff., und vor allen Curtius, Grundz. S. 26 f. und 417 ff.

Letzterer findet nemlich « nicht wahrscheinlich, dass die indog. Ursprache von der harten Lautgruppe *kv*, namentlich im Auslaute der Wurzeln einen so ausgedehnten Gebrauch gemacht haben sollte », und zwar aus folgenden Gründen: « Das *k* ist unter allen Consonanten der am schwersten sprechbare, und erfordert um sich rein, d. h. frei von Nebengeräuschen, zu erhalten, die entschiedenste Articulation. Daher kommt es, dass sich ihm häufig unwillkürliche Mitlaute anschlieszen, und zwar am häufigsten *j* und *v*. Diese Mitlaute kann man mit Schmarotzerpflanzen vergleichen, die sich bei andern Pflanzen einnisten, ihren Wuchs gefährden, und sie schlieszlich oft ganz ertödten. So ward *k* durch parasitisches *v* zu *kv*, dann oft zu *p*, wie anderseits durch parasitisches *j* zu *kj*, sanskr. *k* = *tsch*, endlich bisweilen zu *t*; ebenso (?) *g* zu *gv*, dann oft zu *b*. — Wer also von *kv* zu *k* gelangen will, muss einen Uebergang von *kv* in *kj* annehmen ».

Glücklicherweise erblicken wir in diesem Uebergange von ursprünglichem *kv* zu *kj* einen ganz gewöhnlichen Process organischer Assimilation, wie er unter andern in dem Nr. 5 erwähnten *çjeta* und *çjena*, neben *çveta* und *çvena* vorliegt, so dass es uns durchaus nicht schwer fällt, auf eine in der Gestalt von *j* an *k* sich anhängende Schmarotzerpflanze zu verzichten. Da sich jedoch neben besagtem *çvena* und *çjenî* auch ein *cjenî* oder *kjenî*, statt des gewöhnlichen *cenî* oder *kenî* findet (siehe Aug. Fick, S. 47), so scheint es, dass bei der Palatalisirung des *ç* oder *k* das assimilirte *v* = *j* nach Belieben stehen bleiben und ausfallen könne, woraus dann folgt, dass die Palatalisirung eines Gutturals auch nicht das Product einer wirklichen Verschmelzung desselben mit *v* oder *j* ist, sondern blosz in Folge seines organischen Vorrückens auf dem Wege zu *v* und dessen Assimilation zu geschehen pflege. Wahrscheinlich war dies der Fall auch bei *gvasha*, lat. *gus-tare*, sanskr. *ǵush-*, *ǵusha-ti*, wo *g* palatalisirt wurde unbeschadet von *va* = *u*, es seye denn, dass *u* aus *a* entstanden wäre; vergl. Aug. Fick, S. 65.

Doch gestehen wir gern mit Grassmann, dass wir uns hier auf einem Boden befinden, auf welchem unser Wissen noch Stückwerk ist, zumal angesichts der Palatalisirung, die bei reduplicirten Gutturalen stattfindet. Was übrigens aber die sogenannte parasitische Verwandelung von *k* in *p*, wie von *k* in *t*, und von *g* in *b*, betrifft, namentlich bei Wörtern, wie *katûras* und *τέτταρες*, *ǵani* und *βανά*, *pankan* und *πέντε*, *coquo* und *πέπτω*, so beruht dieselbe ohnstreitig auf einer ebenso grundlosen Theorie als irrigen Ableitung besagter Wörter. Man vergleiche unsere Erklärung dieser Wörter unter Nr. 1, 7, 11, 12, und Curtius, § 648, 128, 630, 629; oder Schleicher, § 151 und 237.

V. BEILAGE.

Auch ein Wort über Svarabhakti und Metathese[1].

In dem neuesten Hefte der Kuhn'schen Zeitschrift von 1876, XXIII, 266 ff., findet sich eine Abhandlung von Joh. Schmidt über «Metathesis und Flexion vocalisch auslautender Wurzeln im Griechischen», worin der geehrte Verfasser, behufs der Erklärung gewisser dunkler Wortformen, neben der Metathese auch von der sogenannten Svarabhakti Gebrauch macht, d. h. von dem Grundsatze, dass in allen indogerm. Sprachen zwischen *l*, *r* und einem folgenden Consonanten aus dem Stimmtone (*svàra* = *sura*, *surren*) der Liquiden sich ein Vocal zu entwickeln pflege. Dabei versichert er, diese Erscheinung habe sich in den einzelnen slawischen Sprachen zu fast idealischer Regelmäszigheit ausgebildet, und gibt dann ein Beispiel davon in folgender Gruppe slawischer Wörter mit inlautendem *r*:

«Lit. *gàrdas*, got. *gards*, ward zu urslaw. *gårådŭ*, erhalten, in russ. *gorodŭ*; daraus entstand durch Schwund des ersten *å* *grådŭ*, erhalten, in poln. *grod*, und durch Zusammenfliezsen der beiden durch *r* getrennten *å* hinter

[1] Dieser Artikel war ursprünglich bestimmt für die Zeitschrift, deren Mittheilung die Veranlassung dazu gegeben, retournirte aber mit der Bemerkung, «man bedauere denselben für die Zeitschrift für vergleichende Sprachforschung nicht verwenden zu können».

r grădŭ, die Grundform für das Südslawische und Czechische ».

Fragen wir jedoch, wie billig, vor allem nach der Herkunft oder der Grund- und Urform jenes litth. *gàrdas*, so ist wohl nicht zu verkennen, dass es gleich den übrigen Formen seines Stammes in letzter Instanz seinen Ausgang habe in dem indogerm. *ghara, ghara-ti*, nehmen, fassen, ein- und umfassen, im Part. Perf. Pass. *ghara-ta*, das Eingefasste, wie Haus, Hof, Garten. Dieses *ghara-ta* wurde nemlich im Sanskr. durch Abfall des *g* zu *harata*, lat. synkop. *horto*, *hortus*, im Griech. mit vollem Anlaut synkop. *χορτο, χόρτος*, und im Slavogerm. mit gewohntem Ausfall des *h* zu *garata*, übergehend in *garada*, daher denn vor allen urslaw. *gårådŭ*, oder russ. *gorodŭ*, und mit Ausfall des ersten Vocals *grada*, poln. *grod*, wie mit Ausfall des zweiten Vocals *garda*, goth. *garda, gards*, und litth. *gàrdas*. Die Grund- oder Urform aller dieser Wörter ist also offenbar das indogerm. *gharata*, und das urslaw. *gårådŭ* ist nichts weniger als durch Svarabhakti aus irgend einer andern Form entstanden. Gleichwohl glaubt der Verfasser besagte Svarabhakti auch zur Aufklärung indogerm. Wortgebilde mit inlautendem Nasal benützen zu dürfen, was er, S. 267, vor allen an folgenden Wortformen versucht:

1. *anman*, 2. *anaman*, 3. *naman*, 4. *nāman*.

Wie er annimmt sind diesz die vier Grundformen, auf welche die Worte für « Name » in unsern Sprachen zurückführen, und von denen er demnach behauptet: « Die Grundf. 1. *anman* ist erhalten in altir. *ainm* aus *anmin*, armen. *anwan* aus *anman*, altbulg. *imen* aus *jenmen;* die Grundf. 2. *anaman* (Svarabhakti von *anman*) liegt vor in griech. *ὄνομα ὀνομαίνω*; die Grundf. 3. *naman* in got. *namô* aus *anaman* (durch Aphärese); die Grundf. 4. *nāman* (Metathese von *anaman*) erscheint in sanskr. *nāman* u. s. w.»

Freilich hätten wir gern, sey's vor, oder nach dieser Exposition, auch ein Wort vernommen über die Herkunft und ursprüngliche Bedeutung jenes *anman*, das die Grundform der Grundformen unserer Worte für «Name», sogar für *ὄνομα(τ), ὀνόματ-ος*, bilden soll, vernehmen aber erst am Schlusse des Artikels, S. 278, den Bescheid: «Ob dieses *anman* früher aus *ganman*, Wurzel *gan*, kennen, entstanden sei, lässt sich bei dem heutigen Stande der Wissenschaft gar nicht discutiren». — Indessen erhalten nicht minder die Anhänger der «Stammbaumtheorie», d. h. die, welche mit Aug. Fick und Curtius *nômen* von *cognômen* oder *gnômen* ableiten, indem sie, wie der Verfasser sagt, diese Wörter «verstümmeln», eine lange und scharfe Rüge ob ihres «auf der Hand liegenden unmethodischen, den Lautgesetzen aller Sprachen widerstrebenden» Verfahrens, worauf dann noch einmal bemerkt wird, dass das *g* von *cognômen* für die Reconstruction der indogerm. Urform ganz ausser Betracht bleiben muss, und dass es reine Willkür ist, welche sanskr. *nāman* aus *jñā* herleitet».

Uebrigens gehören auch wir zu den Freunden der Stammbaumtheorie, und schauen nach jener Rüge nicht minder freudig empor zu der Krone des Baumes, an welchem ausser *gnômon*, *nômen* und *cognômen* auch noch andre Früchte gewachsen sind. Nach unserer Ansicht wurzelt nemlich der Stamm dieses Baumes vor allem in dem indogerm. *ga-va*, ursprünglich *gha-va*, soviel als geistig wie leiblich zusammenbewegen, *coire*, synkop. *gva* (palat. *ǵa, ǵi*) in dessen Schosze sich einerseits die Ausdrücke für zeugen, entstehen und leben, anderseits die Ausdrücke für kennen, erkennen und nennen entfaltet haben (siehe S. 83, 84). Verfolgen wir nun hier zunächst die Entfaltung von *gva* in letzterem Sinne, so bietet es uns vor allem im Part. Perf. Pass. *gva-na*, das durch Synkope und Ausfall des häufig schwindenden *v* die Nebenschosse *gan* und *gna* absetzte, in der vollen Form aber sich in drei Hauptästen folgendermaszen weiter bildete:

1. Für's Erste nemlich gestaltete sich besagtes *gvana* durch Metathese des *n* zu *gvnaa* = *gvnâ*, was dann palatalisirt im Sanskr. *ǵnâ*, *ǵnâ-ti*, kennen, *ǵnâ-ti*, Erkenntniss, *ǵnâ-man*, Kennzeichen, Merkmal, und durch Abfall des *ǵ* *nâman*, Name, *nômen*, absetzte. Daneben gestaltete sich dasselbe *gvnâ*, durch Ausfall des *v* vor *n*, zu *gnâ*, was dann das althd. *gnâ-jan* = *knâ-jan*, kennen, *arknâ-jan*, erkennen, *biknâ-jan*, bekennen, so wie das lat. *gnâ-rus*, *ignârus*, *ignôro*, samt dem gräco-italischen *gnô* absetzte. Daher denn *gnô* im Griech. *γνώ*, weitergebildet mit dem vollen Suffix der ersten Person, *γνώ-αμι* = *γνῶμι*, *γνώ-μη*, *γνώ-μων*, *γνώ-σις*, *γνώσ-κω*, *γνώ-τος*, *γνώ-ρος*, *γνωρί-ζω*, wie im Lat. *gnômon*, *gnômen*, *gnôsco*, mit Abfall des *g* vor *n*, *nômen*, *nôsco*, *nôvi*, *nôtum* u. s. w.

2. Sodann wurde *gvana*, durch Abfall des *g* vor *v* und Anschluss des neutralen Suffixes *mat* (Schleicher,

Comp. § 219), zu *vana-mat*, was dann in den griech. Dialekten verkürzt überging in *οὔνομα, ὄνυμα* und *ὄνομα,* soviel als Kennzeichen, Merkmal, Name, im Genit. *ὀνόματος* mit Festhaltung des vollen Suffixes *mat;* dessgleichen wurde *gvana* in der aphäretischen Form von *vana* mit Suffix *man* zu *vanaman*, was im Griech. *ονομαν,* weitergebildet *ὀνομάν-jω* = *ὀνομαίνω,* gleich *ὀνομάζω,* benamen, nennen, bildete; daneben wurde *vanaman* durch Abfall des *v*, zu *anaman*, was dann durch Synkope armen. *anwan* = *anman*, altir. *ainm* = *anmin*, und altbulg. *imen* = *jenmen*, wie auch durch Aphärese goth. *naman*, *namó*, samt *namnan*, *namnjan*, deutsch, *nemnen* = nennen und nöthigenfalls durch Metathese auch *naaman,* sanskr. *nâman,* absetzte.

3. Endlich wurde *gvana* in der ursprünglichen Form von *ghvana* im Germanischen zu *ghvina* = *chvina*, was dann durch Ausfall des *v* das althd. *chinan,* Prät. *chan*, *chënum*, Part. Prät. *chunans*, sowie das goth. *kinan*, Prät. *kan*, *kënum*, Part. *kunans*, absetzte. Weiter gebildet wurde im Goth. *kunans* zu *kunnan*, Prät. *kuntha*, Part. Prät. *kunths*, *kunthi*, Kenntniss, deszgleichen im Althd. *chunans* zu *chunan*, Prät. *chonda*, Part. Prät. *chunds* = kund, und im Mittelhd. *chan* = *kan* zu *kanjan* = kennen, kannte, gekannt, Kenntnisz u. s. w. Also alles ohne Svarabhakti. Vergl. Graff, althd. Sprachschatz, IV, 408, 567, Curtius, Grundz. § 135, 446, und Kuhn'sche Zeitschr. XXI, 422 f., wo man jedoch, nach Joh. Schmidt, ebenfalls im Irrthum ist.

In gleicher Weise wie *anman*, *anaman* u. s. w. werden S. 268 ff. unter andern auch folgende Wortformen behandelt: 1. « *ang*, *anag*, *nāg*, als Grundf. von sanskr. *anǵas*, flink, plötzlich, goth. *anaks*, altbulg. *naglŭ*, lit. *nůglas* »; 2. « *an*, *ana*, *nā*, als Grundf. des verneinenden Präfixes sanskr. *an*, griech. *ἀν*, lat. *in*, goth. *un*, dor. *νά*, jon. *νή* »; 3. « *san*, *sana*, *snā*, als Grundf. von althd. *senwa*, *senawa*, altn. *sin*, sanskr. *snâva*, die Sehne ». — Vergl. dagegen unsere Erklärung dieser dreifachen Wörtergruppe, S. 23, 39, 43. Uebrigens sind wir ganz der Meinung von Windisch, l. c., S. 408, wenn er, wie Joh. Schmidt sagt, « sich bekreuzt gegen die Zuflucht zu dazwischen getretenen Vocalen ». Gesteht doch auch Curtius, Grundz. S. 679: « Zur Annahme eingeschobener Vocale ist die vergleichende Sprachforschung im Ganzen eben nicht geneigt ». Und wenn Windisch, l. c., S. 407, in seiner so rationellen Auffassung des *a* in *junaǵmi* schwankend geworden durch die vocalisch anlautenden Wurzeln, « wie *aǵ*, *anaǵmi* », so könnte ihn vielleicht unsere Erklärung dieses Wortes, S. 23, doch wieder in jener Auffassung bestärken. Auch ist besagtes *anaǵmi* nichts anders als die redupl. Form von *anǵâmi*, d. i. *an-anǵâmi*, verkürzt durch Synkope von *â*, *ananǵmi*, und durch Ausfall des Wurzelnasals *anaǵmi*.

Was nun noch die Flexion der vocalisch auslautenden Verbalstämme im Griechischen betrifft, so heiszt es S. 278: « Liest man, was über veränderliche und unveränderliche Quantität von *a*, *e*, *o* im Auslaute der Wurzelsylbe vor consonantisch anlautenden Suffixen gesagt wird, so muss man glauben, das Griechische habe sich in diesem Punkte regelloser Willkür hingegeben. Und doch ist die fast ausnahmslos waltende Regel so überaus einfach und in die Augen springend, dass man kaum begreift, dass sie nicht längst entdeckt ist. Sie lautet: Ursprünglich im Wurzelauslaute stehendes *a*, *e*, *o* erscheint in bestimmten Formen kurz, während die *a*, *e*, *o*, welche erst durch Metathesis in den Wurzelauslaut gelangt sind, fast durchweg lang sind». Also:

«Vor dem präsensbildenden *σκω* bleibt ursprünglich auslautendes *a*, *e*, *o* ausnahmslos kurz: *βάσκω*, *φάσκω*, *βόσκω*; dagegen erscheint ein durch Metathesis in den Auslaut gelangtes *a*, *e*, *o* ausnahmslos lang: *μιμνήσκω*, *θνήσκω*, *δρᾱσκω* u. s. w.» Summa: 11 Beispiele. — «Vor den Suffixen *το*, *τεο*, der Part. Pass. und *σι* der Abstracta, wie *τηρ* der nom. agent. gilt dieselbe Regel: *βατός*, *στατός*, *φατός*; dagegen *θμῆσις*, *ἀπόδρησις*, *θνητός* u. s. w.» Summa: 22 Beispiele[1].

Die hier auffallende Erscheinung des Uebergangs von (präsumirtem) *μιμενσκω* in *μιμνήσκω*, (präsumirtem) *θανσκω* in *θνήσκω* u. s. w., gleicht so ziemlich der Erscheinung des täglichen Auf- und Untergangs der Sonne. Alles kommt nemlich bei Erklärung dieser Erscheinung darauf an, von welchem Standpunkte man ausgeht: ob von dem Standpunkte, auf welchem man sich hält, an das, was in die Augen springt, oder von dem, auf welchem man eine Ahnung hat, von einer höheren Ordnung des Kosmos. Ausgehend von letzterem auch auf dem Gebiete der lautlichen Erscheinungen formuliren wir die von dem Verfasser aufgestellte Regel folgendermaszen:

[1] Die Meinung, dass mit der Metathese von λ, ν, ρ, häufig Dehnung des Vocals verbunden sey, ist jedoch nicht neu. Vergl. Curtius, Gramm. 350, und Grundzüge, S. 497, 657.

Ursprünglich im Stammauslaute stehendes *a, e, o* ist an und für sich kurz, wird aber lang durch Verschmelzung mit dem Wurzelvocal, welcher durch Metathese an dasselbe sich anschlieszt. Vergl. S. 49.

Auch sagt der Verfasser selbst ganz dasselbe schon bei dem angeblich durch Svarabhakti aus *gàrdas* entstandene *gåràdŭ*, das er « durch Zusammenschmelzen der beiden durch *r* getrennten *å* hinter dem *r* zu *grādŭ* » werden lässt. Allein statt in gleicher Weise auch hier zu verfahren, und das einmal angenommene *μιμενσκω* durch die einmal angenommene Svarabhakti in *μιμενεσκω*, und dann durch Metathese des *ν* in *μιμνεεσκω* = *μιμνήσκω* übergehen zu lassen, was thut er? — Die ideale Svarabhakti bei Seite lassend greift er zu der « überaus einfachen und in die Augen springenden » Hypothese, dass die Metathese von *r, l, n,* schon an und für sich, wenn auch nicht immer, doch häufig eine Dehnung des vorhergehenden, nun in den Auslaut gerückten Vocals bewirke, und lässt so besagtes *μιμενσκω* directe zu *μιμνήσκω* werden[1]. Das alles aber thut er im Grunde doch nur darum, weil er gleich Andern keine Ahnung davon hat, dass wohl sämmtliche indogerm. Wurzeln und Stämme ursprünglich vocalisch auslautend waren, worauf übrigens schon seit 1868 wiederholt in mehreren unserer Schriften aufmerksam gemacht wurde.

Was nun die fraglichen Quantitätsverhältnisse der drei

[1] Nur glaubt er S. 281 in τέθναμεν und τέτλαμεν zwei Ausnahmen anerkennen zu müssen. Beide Wörter enthalten jedoch keine Metathese, sondern eine Reduplication mit gewöhnlicher Wurzelkürzung oder Ausfall des Wurzelvokals, d. i. θάνα-μεν, redupl. τέθναμεν, und τάλα-μεν, redupl. τέτλαμεν.

Vocale, *a*, *e*, *o*, betrifft, so möge ein Beispiel von jedem derselben sowohl unsere dessfallsige Regel als auch unsere Ansicht von dem ursprünglichen Auslaute der indog. Wurzeln und Stämme anschaulich machen:

A. *θνήσκω*, von indogerm. *dha-va*, dahin-wahen und dann auch auswahen, aushauchen, sterben, synkop. *dhva*, im Part. Perf. Pass. *dhva-na*, ausgehaucht; daher im Griech. *dhvana*, mit Ausfall des häufig schwindenden *v*, *θανα*, weitergebildet, *θανά-ειν*, *θανέ-ειν* = *θανεῖν*, mit *σκω*, *θανά-σκω*, durch Metathese des *ν* verkürzt, *θνaασκω* = *θνήσκω*, *ἀποθνήσκω*, *ἐκθανεῖν*; dessgleichen *θάνα-τος*, der Tod, als Adject. durch Metathese verkürzt, *θνaάτος* = *θνητός*, todt. Vergl. *dhva*, griech. *θύειν*, und *dhava*, goth. ohne *h*, *dava*, *davan* = *divan*, *dauths*, *dauthus*, *dauthjan* u. s. w.

E. *μιμνήσκω*, von indogerm. *ma*, denken, sinnen, im Part. Perf. Pass. *ma-na*, als Nom. *mana-s*, Sinn, Verstand, als Verbum *mana-ja* = *man-ja*, *manja-te*, denken, meinen; daher im Griech. *mana* = *μενε*, als Nom. *μένε-ς* = *μένο-ς*, Gen. *μένε-ος*, als Verbum *μενε-αίνω*, mit *σκω*, *μενέ-σκω*, redupl. *μιμενέσκω*, durch Metathese des *ν* verkürzt, *μιμνεεσκω* = *μιμνήσκω*; dessgleichen *ἀναμνήσις*, ursprünglich *ἀναμενέ-σις*, durch Metathese verkürzt *ἀναμνεεσις* = *ἀναμνήσις*. Vergl. lat. *memini*, *memor*, *mens* (Part. Präs, von *ma*, *mant* = *ment*, Nom. *ment-s* = *mens*, Gen: *ment-is*, wie *dens*, *dentis*), u. s. w.

O. *βιβρώσκω*, von *βό--ειν*, waiden, weitergebildet, *βο-ϝος* = *βοῦς*, dor. *βα̃ς*, *βό-σκω*, *βόσκημα*, und *βο-ρό* (*βορός*) mit *σκω*, *βορόσκω*, durch Metathese des *ρ* verkürzt, *βροοσκω* = *βρώσκω*, redupl. *βιβρώσκω*; dessgleichen βορό-σις, durch Metathese, βροοσις = βρώσις, und βορο-τήρ, durch Metathese, βροοτήρ = βρωτήρ, wie auch βορό, mit dem vollen Suffixe der ersten Person, βορό-αμι = βορώμι, durch Metathese, βροώμι = βρῶμι, samt βρά́μα, βρά́ματ-ος u. s. w.

Hoffentlich ist nicht noth, dass wir die Etymologie sämmtlicher 11 + 22 Beispiele von S. 279 ff. nachweisen, um es unbefangenen Forschern fühlbar zu machen, welche Bewandtniss es habe sowohl mit der Metathese, deren geheimer Zauber angeblich kurze Vocale in lange verwandelt, als mit der Svarabhakti, welche die Macht haben soll, erwünschte Vocale in's Leben zu rufen.

VI. Beilage.

Das indogermanische Roth und Blut.

(zu Seite 55.)

In den kritischen Beiträgen zur lat. Formenlehre von W. Corssen, 1863, findet sich, S. 166—234, ein Capitel über das lat. F, das mit der Erklärung beginnt: « Die neuere Sprachforschung hat unzweifelhaft erwiesen, dass der den italischen Sprachen eigenthümliche labiodentale Hauchlaut *f* aus der labialen Media aspirata *bh*, wie aus der lingualen *dh*, seltener aus der gutturalen *gh* hervorgegangen ist. »

Was nun den ersten Theil dieser Erklärung, *bh* = *f*, betrifft, so ist das ganz in der Ordnung des gewöhnlichen Lautwandels, und erleidet keine Beanstandung vor dem Forum eines sprachlichen Gewissens. Anders jedoch verhält es sich mit der Behauptung, dass *f* auch aus *dh* und *gh* hervorgegangen, wie unter andern, S. 198, bei Wörtern, wie *rufus*, *Rufinus*, *Rufio*, *rufulus*, *rufare*, *rufêre*, samt *rubor*, *ruber*, *rubêre* u. s. w., was alles von Sanskr. *rudh-*, *rudha-ti*, durch *dh* = *f* und *b*, abgeleitet wird, und worin Schweizer-Sidler, Kuhn'sche Zeitschr. XIII, 308, « eine treffliche Behandlung der fraglichen Wörter » findet. Vergl. Curtius, Grundz. § 306, S. 389. Dagegen glauben wir unsrerseits bei Erörterung dieser Wörter vor allem ausgehen zu müssen von der Thatsache, dass dem Begriffe von Roth in den indogerm. Sprachen, wie in den semitischen (*dam*, *adam*), der Begriff von Blut zu Grunde liege. Als Grund- und Stammform der betreffenden Ausdrücke betrachten wir aber das indog. *rava*, eine Verbindung von *ra* und *va*, zwei Wurzeln, welche beide soviel als gehen und fliеszen bedeuten, und deren Compositum begrifflich wie lautlich weitergebildet soviel heiszt als fliеszen, bluten, blutig und roth seyn.

Sehen wir nun vorerst, wie sich das einfache *rava* in dem einfachen Sinne von fliеszen in den verschiedenen indogerm. Sprachen lautlich weiter entfaltete.

In dem Urgermanischen gestaltete sich *rava* mit Vorschlag des betreibenden *bha* zu *bh-rava*, was dann im Gothischen, mit gewohntem Ausfall des *h*; überging in *bravan* = *brauen*, aufwallen, brausen, fliеszen, und in dem starken Part. Prät. *brau-na* = *brûna*, *brûns*, absetzte; daher denn weitergebildet *brunnan*, quellen, sprudeln, samt *brunna*, althd. *brunno*, Brunnen, Quell, angls. mit Umstellung des *ru*, *burna*, übergehend in *borna*, der Born. Dagegen ging man im Griechischen, wie aus dem korkyräischen *PHOFAΣ*, dor. *ῥοϝας*, *ῥοάς*, erhellt, ursprünglich nicht aus von dem einfachen *rava*, sondern von *rhava* (siehe die Partikel S. 50); daher denn mit dem nun überschriebenen *h*, oder sogenannten Spir. asper, *ῥαϝειν*, und mit Ausfall des ϝ, *ῥάειν*, *ῥέειν*, *ῥόειν*, *ῥύειν*, *ῥεύειν*, fliеszen, wie im Lat. *ravare*, mit geschwächtem *a*, *rivare*, samt *rivus*, *rivalis*, neben *rigare*, *rigatio*, *riguus*. Bevorschlagt mit dem indogerm. *bha* = *φα* = *f* wurde das griech. *ῥαϝειν* zu *φραϝειν*, mit Ausfall des Digamma *φράειν*, *φρέειν*, fliеszen, sprudeln, daher *φρέαρ*, *φρεῖαρ*, die Quelle, der Born, und vielleicht mit Aphärese von *φρ* auch *ἔαρ*, *εἶαρ*, Flüssigkeit, Saft, Blut, wie *εἶαρ ἐλαίας*; vergl. Curtius, Grundzüge, § 609. Daneben gingen die beiden Verben *φραϜειν* und *bhravan* wohl auch schon früher über in *φλαϜειν* und *bhlavan* = *flavan*. Vergl. griech. *φλαϜειν*, mit Ausfall des Digamma, *φλάειν*, *φλέειν*, (*flêre*), *φλόειν*, *φλύειν*, neben *πλάειν*, *πλέειν*, *πλόειν*, *πλύειν*; althd. *flawan*, *flawjan*, *flawen*, weitergebildet mit *ta*, *flaw-tan*, *flautan*, *fliotan*, *fliozan*, flieszen; lat. *flavere*, *flovere*, *flouere*, *flûere*, samt *flûvius*, neben *flû-gere*, *flûxi*, *flûctum*, und *plûere*, *plûvius*; sanskr. *plava* (*plu*), *plavate*, flieszen.

Was nun die weitere Entfaltung von *rava* im Sinne von bluten oder blutig und roth seyn betrifft, so verfuhren die indogerm. Hauptsprachen dabei folgendermaszen:

Im Sanskrit gestaltete sich *rava* mit dem Suffixe *dha* zu *rava-dha*, flieszen thun oder machen, was dann, je nach Synkope des ersten oder des zweiten Vocals, *rvadha* = *rudha*, *rudha-ti*, oder *rav-dha* = *raudha*, *rôdha*, *rôdha-ti*, bluten, blutig und roth seyn, absetzte; daher denn *rudhi-ra*, blutig, roth, als Subst. das Blut, wie auch der blutrothe Planet, Mars, *rôhit*, *rôhita*, roth, röthlich, *rôdhra* = *lôdhra*, ein Baum, dessen Rinde ein rothes Pulver liefert. Daran schloss sich dann, wahrscheinlich in der Form von *rudhi* und *rudh-ta*, das lat. *rudi* = *ruti*, *rutilus*, *rutilius*, *rutilare*, und *rudta* = *russa*, *russus*, *russeus*, *russatus*, samt dem franz. *roux*, *rousse*, *rouge*, *rouille*; litth. *rauda*, rothe Farbe, *ruda*, roth, braun, fuchsig, *rudis*, rother Eisenrost; goth. *rauds*, samt alts.

rôd, angls. *read*, engl. *red*, roth; althd. *rodt* = *rost*, der Rost, *rôt*, *rôtan*, roth werden, *rôtjan*, *rôten*, röthen. Vergl. Curtius, S. 359 über ruti. Im Lateinischen bildete *rava* mit dem Suffixe *bha* *rav-bha* = *raubha*, *roubha*, *rûbha*, *bh* = *f*, *rûfa*, *rûfare*, *rûfêre*, hervor- oder fort fließzen, bluten, blutig oder roth seyn, samt *rufus*, *rufulus*, *rufinus*, oder *bha* ohne *h*, *rûba*, *rûbare*, *rûbere*, *rûbescere*, samt *ruber*, *rubrum* und *rubus*, der Dornstrauch mit der blutigen Frucht, Brombeere, nebst *rubidus*, *rubicundus*, *rubigo*, *rubedo* u. s. w. Littré lässt das Part. Perf. von *rubêre*, in der Form von *rubtus*, übergehen in *ruttus* = *russus*, als Grundform von *rousse* u. s. w.

Im Griechischen ging *rava* in der Form von *rhava* mit dem Suffixe *dha* über in ῥαϝα-θειν, fließzen thun oder bluten u. s. w., was dann, je nach Synkope des ersten oder zweiten Vocals, ῥϝαθειν = ῥύθειν, mit kurzem υ, oder ῥαϝ-θειν = ῥαυθειν, ῥεύθειν und ῥύθειν mit langem υ, absetzte; daher denn mit Prosthesis von ε, ἐρύθειν, ἐρεύθειν, blutig, roth machen, röthen, samt ἐρεύθος, ἐρύθημα, Röthe, ἐρυθρός, roth, ἐρυσίπελας, Hautentzündung, Gesichtsrose u. s. w.

Im Aeolischen gestaltete sich *rava* mit Vorschlag von *vha*, reducirt auf *va* = ϝα, zu ϝαρaϝα, synkop. ϝραϝα, ϝραϝειν, was mit Uebergang des ersten ϝ in β und Ausfall des andern überging in βράειν, βρέειν, βρόειν; daher denn βρο- mit dem Nominalsuffixe δον, βρό-δον, die Rose, in den übrigen Dialekten mit Abfall des β, ῥόδον, Adject. ῥόδεος, daher ῥοδέα = ῥοδῆ, der Rosenstrauch, an dem dann wohl auch die lat. *rosa* gewachsen. Vergl. Curtius, S. 536 über ϝ = β und S. 593 über δον.

Im Goth. ging das aus *rava* durch Vorschlag von *bha* gebildete *bhravan*, ohne *h* wie im Aeolischen, über in *brauan* = *blauan*, was im Part. Prät. *blauda*, *blauths* absetzte; daher *blauths* = *blôths*, neutr. *blôth*, das Blut, alts. wie angls. *blôd*, engl. *blood*, althd. *pluot*, *bluot*, samt *pluotan*, *bluotan*, *plôtan*, *blôtan*, bluten. Hierher gehört wohl auch das alts. *blôjan*, angls. *blôjvan*, althd. *pluojan*, *blôjan* und *blôhan*, blühen, samt *pluot*, *bluot*, *blôt*, Blüthe, *pluomo*, *bluomo*, *blômo*, Blume; vergl. *bluost*, *bluest*, *blûst* und lat. *flos*, griech. *φλόος*, *φλοῦς*.

Ausser den erwähnten Namen für Blut erscheint auch noch im Latein. *sanguis*, im Griech. *αἷμα*, und im Sanskr. *asra*. Ersteres ist wohl eine Entfaltung des indogerm. *saha-gaha*, synkop. *shagha*, soviel als kräftig, scharf, hin-, an- und eindringen, schneiden, stechen, verwunden; daher *shagha* im Latein. mit gewohntem Ausfall des *h*, *saga*, im alten Part. Perf. Pass. *saga-ta*, *sagita*, *sagitta*, scharfes Geschoss, dessgleichen, *sag-na*, verwundet, mit Vorsprung des *n*, *sanga*, und mit Anschluss von *van*, (Schleicher, Compend. § 210) *sang-van* = *sanguen*, Gen. *sanguinis*, Nom. ohne *n*, *sanguis*, das Blut, der Lebenssaft bei Menschen, Thieren und Pflanzen, insofern er durch Verwundung zu Tage tritt, daher *nemoris sanguis*, *uvarum sanguis* u. s. w. Vergl. als weitere Entfaltungen von *shagha* = *saga*, im Goth. *sakan*, kämpfen, *sigis*, Sieg; im Althd. *saga*, Säge, *sahs*, Messer, *segansa*, Sense; im Latein. *sagare*, *sagire*, eindringen, erforschen, aufspüren, *sagax*, scharfsinnig, erfinderisch, *sagus*, kundig, klug, *sacare*, *secare*, schneiden, samt *sacrare*, *sancire*, schlachten, opfern, den Göttern weihen, und dann überhaupt weihen, heiligen, daher *sacrum, sanctum, sacer, sacerdos* u. s. w. Völlig gleichbedeutend mit *sha-gha* ist *sha-ja,* das im Sanskrit mit gesteigertem Wurzelvocal als *shâja = skâja, skája-ti,* erscheint, und im Griech. mit gewohntem Abfall des *s,* in der Form von *haja,* überging in *ἀjα, αἴειν,* schneiden, stechen, verwunden; daher *αἷμα,* Blut und Mord, als Ergebniss von Schneiden und Stechen, samt *αἷμος* und *αἱμός,* der Dornstrauch, *rubus, αἱμάσσειν,* verwunden, blutig machen. Daneben entfaltete sich aus demselben *haja,* synkop. *hja* im Griech. *ἰα,* weitergebildet mit *ρος, ἰαρός, ἱερός,* Geschlachtetes, den Göttern Geweihtes, *ἱερεύς,* der Priester, *ἱερεύειν,* schlachten, opfern, weihen, heiligen; vergl. *ἱέραξ = ἴρακς* und althd. *hîrac = hîlac, heilac,* heilig. Ebenso entfaltete sich aus *shagha,* durch Abfall des *s, hagha = haga,* im Griech. *ἀγα, ἄγειν; ἀγίζειν, ἁγιάζειν,* schlachten, opfern, weihen, heiligen; dessgleichen im Sanskr. *haga* mit Uebergang in *jaga* und Anschluss von *va, jagva,* palat. *jaga, jaga-ti,* schlachten, opfern, die Götter verehren; vergl. hebr. *chag, chagag,* Andere Erklärungen dieser Wörter geben Corssen, Beitr., S. 66, Aug. Fick, S. 44, Curtius, Grundz., § 118, 609, 614, und Kuhn, Zeitschr. II, 272, III, 154. Das von Curtius, § 609, erwähnte *asra, asan, asrg,* altlat. *assir,* Blut, ist vielleicht eine Ableitung von *asi-s,* Schwerdt, Messer, nach Analogie von *sanguis* und *αἷμα.*

Was schlieszlich das vergossene und dann auch bald geronnene Blut, alts. *drôr,* lat. *crûor,* betrifft, so stammt ersteres wohl von indogerm. *dha-rava,* synkop. *dhrava = draua,* dahin flieszen, daher die Drau, ein Flusz, und weitergebildet mit *ra*, *draura*=*drôra*, *drôr*, *drôrjan* (siehe S. 26). Dagegen ist *crûor* eine Entfaltung von *gha-rava*, synkop. *ghrava*, vermöge des im Anlaut mehr bei- als betreibenden *gha*, soviel als zusammen flieszen, gerinnen, dick, fest werden; daher im Latein. *ghrava*, ohne *h*, *grava* übergehend in *crava*, *craua*, *crouo*, *crûo*, Nom. *crûos* = *crûor*, samt *crûere*, *crûentus*, *crûentare* u. s. w. An besagtes *crava* schlieszt sich dann auch das griech. *κραϝα*, *κραϝας*, mit Ausfall des Digamma, *κραας* =*κρέας*, contrah. *κρῆς*, blutiges, rohes, todtes Fleisch, sanskr. *kravja*, *kravis*, litth. *kraujas*, und goth. *hlaiv*, d. i. ursprüngliches *gh-rav-ja*, mit Abfall des *g*, *hravja*, und mit Metathese des *j*, *hraiva*, *hraiv*, althd. *hrêw*, *hrêo*, Gen. *hrêwes*[1]. Was das lat. *caro*, *carnalis* betrifft, so ist dabei auszugehen von dem vollen *gharava*, mit Ausfall des *h* und Synkope des zweiten *a*, *garva* = *carva*, das dann weitergebildet mit Suffix *na*, *carv-na*, durch Ausfall des *v*, *carna*, *carnalis* samt *carno*, im Gen. *carnis*, im Nom. ohne *n*, *caro*, absetzte. Vergl. die dessfallsigen Vermuthungen bei Curtius, § 74, 77. — Uebrigens gehört hierher auch das griech. *κραϝα*, das in dem einfachen Sinne von zusammenflieszen, mit Suffix *na*, *κραϝνα* absetzte; daher mit Ausfall des Digamma *κρανα* = *κρήνη*, Quelle, sowie mit Uebergang von ϝ in *υ*, *κραυνα*, *κρούνη*, gleichfalls Quelle, und *κρούνος*, das Bassin oder Behälter, in dem sich das Wasser der Quelle sammelt.

[1] Partant toujours du Sanskrit betrachten Andere das primitive goth. *h* nur als Aspirata oder Spirans von *k* in *kravja*; vergl. das Gesetz der Lautverschiebung, S. 73.

VII. BEILAGE.

Ἀλάβαστρον und Ἀλείπτρον.

(zu Seite 15.)

Wie wir bei der Erörterung von *ἀλείπτρον* ausgegangen sind von dem einfachen *li*, flieszen, so können wir auch bei der Erörterung von *ἀλάβαστρον* ausgehen von dem ältern gleichbedeutenden *la*. Weitergebildet mit *va*, nach S. 15, liefert nemlich dieses *la* sowohl das lat. *lava*, *lavare*, *lovere* und *luere*, als das griech. *λαϝα*, *λαϝειν*, *λαυειν*, *λεύειν* und *λούειν*, beides im Sinne von benetzen, waschen, baden, und dann auch sowohl besudeln als salben, sey es mit Oel, oder mit wohlriechendem Wasser, wie bei Propert. Eleg. IV, 6, 74:

Terque lavet nostras spica Cilissia comas.

Verstärkt durch das prosthetische *α* wurde das griech. *λαϝα* zu *αλαϝα*[1], was dann im Sinne von fetter oder öliger Flüssigkeit durch Uebergang von ϝ in *β* jenes *ἀλάβα* (S. 7) lieferte, das in der Form von *ἀλαβή* gewöhnlich eine Mischung von Oel und Rusz oder Kohlenstaub bezeichnet, welche als Schwärze oder Dinte, *μέλαν ᾧ γράφομεν*, gebraucht wurde. — Uebrigens ist

[1] Das att. ἐλάα, in dem man gewöhnlich eine Synkope von ἐλαία erblickt, ist vielleicht eine Ableitung von diesem αλαϝα, das schon früh durch Ausfall des ϝ zu αλαα = ἐλάα geworden, wie es denn auch ganz füglich durch Anschluss von ja αλαϝja, durch Metathese αλαιϝα, und durch Ausfall des ϝ αλαια = ἐλαία samt ἔλαιον hätte absetzen können.

besagtes *αλαϝα* = *αλαβα*, synkop. *αλϝα* = *αλβα* wohl auch die Stammform von *αλπη* = *ὄλπη* und *ὄλπις*, -*ιδος*, ein Oelgefäsz, so wie es weitergebildet mit dem Neutralsuffixe *ας* auch das Substant. *αλαβ-ας* im Sinne von Oel oder Salbe absetzte. Dieses *ἀλάβας* gestaltete sich dann mittelst des instrumentalen *τρος*, *τρον*, zu *ἀλάβασ-τρος*, *ἀλάβασ-τρον*, und liefert so den Namen des bekannten Oel- oder Salbfläschchens der Alten, ganz nach Analogie von *ἀλείπ-τρον*, wie denn auch die Salbgefäsze der Hebräer und Römer ihre Namen meistens von ihrem Inhalte oder ihrer Bestimmung haben, abgesehen von dem Stoffe, Stein, Glas oder Metall, woraus sie verfertigt wurden. Vergl. Corssen, Beitr. zur lat. Formenlehre, S. 369 unten, und 410 f., wo das lat. *lûstrum* als ein « Ding zum Waschen » durch Contraction von *lov-os-trum*, urspr. *lav-as-trum*, erklärt wird, und dem das griech. *λαϝαστρον* samt *αλαϝαστρον* nicht fern steht.

Aber freilich entspricht diese Erklärung von *ἀλάβασ-τρος* und *ἀλάβαστρον*, att. *ἀλάβαστος*, mit Ausfall des *ρ* (wie *προτι* = *ποτί*, Curtius, § 381), nichts weniger als der allgemein herrschenden Ansicht, nach welcher besagtes Oel- oder Salbfläschchen seinen Namen haben soll von einem gyps- oder marmorartigen Steine, der von den Mineralogen bald *gypsum densum*, bald *gypsum alabastrum*, bald auch schlechtweg Alabaster genannt wird. Indessen ist der eigentliche griechische Name besagten Steines doch nicht *ἀλάβαστρος*, Alabaster, sondern *ἀλαβαστρῖτις* oder *ἀλαβαστρίτης* scil. *λίθος*, Alabasterstein, d. i. Stein, der zum *ἀλάβαστρον* und dessen Verfertigung gehört. Es verdankt demnach dieser Stein seinen Namen zunächst den Salbgefäszen, welche wahrscheinlich schon in den ältesten Zeiten (Herod. III, 20) häufig daraus verfertigt wurden, wie denn auch die von Plinius, hist. nat. V, 9, erwähnte Stadt und Landschaft Alabastron, *Ἀλαβαστρῶν,* al. *Ἀλάβαστρα,* in Ober-Aegypten, nach *Fabri thesaur. erud. scholast.* ihren Namen nicht hat von irgend einem Steine, sondern «*ab alabastris quae ibi magnâ copiâ ex lapide, qui in vicinis montibus cædebatur, tornarentur*»[1]. Dazu redet auch schon Theokrit, Idyll. XV, 114, an 350 Jahre vor Plinius, von goldenen Alabastern, *χρύσεα ἀλάβαστρα,* und gewiss nur in dem Sinne, in welchem auch der Ausdruck *χρύσεα ἀλείπτρα* Niemand befremden würde, während die *χρύσεα ἀλάβαστρα* nach der gewöhnlichen Deutung von Alabaster nothwendig in die Kategorie der «hölzernen Schüreisen» fallen müsste, es seye denn, dass man *χρύσεος* hier blosz im Sinne von goldfarbig, glänzend und dergleichen nehme, wie Virg. Aen. VIII, 659:

Aurea cæsaries illis atque aurea vestis.

Uebrigens waren von jeher weder die Etymologen noch die Mineralogen so recht im Klaren über das, was sie *ἀλάβαστρος* (*ὁ, ἡ*) und *ἀλαβαστρίτης* nannten, wie solches nur zu deutlich erhellt aus Stephani thesaur. gräc. ling. Paris 1831, und Creuzer's Abhandlung: Ein alt-athenisches Gefäsz, 1832. Nach den Einen bezeichnet nemlich *ἀλάβαστρος* sowohl den Stein als das Gefäsz, das daraus verfertigt wurde; nach den Andern ist *ἀλάβαστρος* soviel als ein Gefäsz ohne Handhabe, von

[1] Nach Plinius, hist. nat. V, 32, gab es in Klein-Asien auch einen Fluss Ἀλάβαστρος genannt.

ἀλάβας = *ἀλάβης*, etwas Unfassbares. Auch ist Creuzer der Meinung der Letztern, nur mit dem Unterschiede, dass er dem att. *ἀλάβαστος* zuliebe nicht ausgeht von einem Subst. *ἀλάβας*, sondern von *λάβαστος*, dem Adject. verbale von *λαβάζω*, das er zunächst übergehen lässt in das instrumentale *λάβαστρος*, *illud, quo quid prehendimus*, so dass *ἀλάβαστρος* soviel wäre als *illud, quo quid non prehendimus*, was aber jedenfalls eine sehr unklare Bezeichnung für ein Gefäsz ohne Handhabe abgibt, wie es denn auch seiner Bildung nach keineswegs der Regel für Instrumentalformen auf *σ-τρος* entspricht; vergl. Corssen, Beiträge, l. c. Daneben hindert jedoch besagte Etymologie von *ἀλάβαστρος* ihren Verfasser nicht, S. 26 oben und unten, auch von alabasternen, wie von gläsernen und metallenen Salbgefäszen, und somit auch von alabasternen Alabastern zu reden. Dass er, S. 61, erklärt: «*λάβαστος proprie significat quod ansa non prehendi potest*», ist wohl nur ein *lapsus calami* oder eine *Prolepsis* des folgenden *ἀλάβαστος*.

Was ferner das von *ἀλάβαστρος* abgeleitete *ἀλάβαστρίτης* betrifft, so sagt zwar Plinius, hist. nat. XXXVII, 10: *Alabastrites nascitur in Alabastro Aegypti*, scheint aber hinsichtlich der eigentlichen Bedeutung dieses Wortes doch nicht so recht im Reinen gewesen zu seyn, indem er Lib. XXXVI, 12, in seinem Berichte über gewisse berühmte Säulen und Gefäsze, angeblich aus Onyx, also fortfährt: *Hunc aliqui lapidem alabastriten vocant, quem cavant ad vasa unguentaria, quoniam optume servare unguenta dicitur*[1], wo dann noch weiter bemerkt wird:

[1] Wir lesen hier, wie lib. XIII, 3, *unguenta*, statt *incorrupta*.

Nascitur circa Thebas aegyptias et Damascum Syriæ etc. Allerdings mag es auch Salbgefäsze aus Onyx gegeben haben, wie denn auch bei Horat. Od. IV, 12, 17, und anderwärts Onyx als Salbflasche vorkommt. Doch ist *ἀλαβαστρίτης* nach allen anderwärtigen Zeugnissen der Name einer speciellen Steinart, die nicht zu verwechseln ist mit jeder andern, aus welcher auch einmal Salbgefäsze gemacht wurden. — Nach Winer, bibl. Realwörterbuch, war besagte Steinart den Hebräern, wahrscheinlich von Aegypten aus, bekannt unter dem Namen *schaisch*, lapis albus, von *schesch* oder *schusch*, weisz seyn, arabisch und persisch unaspirirt, *sais*, *sus*; daher im Persischen *susan*, die weisze Lilie oder Rose (Susanna), sowie die darnach benannte Hauptstadt des Landes, Susa, und vielleicht auch die Stadt Sais in Aegypten, dem früheren Hauptfundorte jenes Steines, aus welchem schon früh *ἀλάβαστρα* verfertigt worden, und der seitdem in aller Welt unter dem Namen Alabaster bekannt ist.

So plausibel uns diese Erklärung von *ἀλάβαστρον* und Alabaster erscheint, so sind wir jedoch weit entfernt, der gewöhnlichen Deutung des Wortes alle Berechtigung abzusprechen. Der Begriff von Fett und Oel geht nemlich, wie auch Curtius bei *λιπαρός* constatirt, häufig über in den des Glanzes, so dass das oben erwähnte *αλαϝα* = *αλαβα*, synkop. *αλϝα* = *αλβα*, neben seinen anderweitigen Anwendungen, ganz füglich auch als Stammform des griech. *αλωφός*, synkop. *αλφός*, wie des oskischen *alafa*, synkop. *alfa*, und des lat. *alba*, *albus*, gelten könnte. Ist diesz aber, trotz der Bedenken von Curtius gegen ϝ = *φ*, der Fall, so könnte eben so gut das Neutrale *ἀλάβας* auch einmal als griech. Aequivalent für das hebr. *schaisch* oder das arab. *sais*, lapis albus, gegolten haben und daraus das instrumentale *ἀλάβαστρος* in der Bedeutung eines Gefäszes von weiszem Steine, *ἀλάβας*, entstanden seyn; später wäre dann der Name des Gefäszes auch auf den Stein übergegangen, und dieser so vulgo auch *ἀλάβαστρος*, Alabaster, statt *ἀλάβας*, genannt worden. Vergl. Curtius, § 399, S. 681, wo jedoch der mittlere Vocal von *αλωφός* und *alafa*, wie bei *μαλακός* nicht als radical, sondern als eingeschoben betrachtet wird, dessgleichen Jablonski, opuscul. I, 21, wo unter den Voces Aegypt. auch ein *aloubs*, *alaabs* vel *alabas*, als lapis candidus genannt wird.

Summa: Alle Erklärungen von *ἀλάβαστρον* und dessen Derivaten harren noch der Antwort auf die Frage: Wann, wo und in welcher Bedeutung erscheint *ἀλάβαστρον* zum ersten Male in den Denkmälern der Literatur, Kunst und Mineralogie? Sollte Jemand im Falle seyn sichere Auskunft darüber zu geben, so würde er uns durch gefällige Mittheilung derselben zu innigem Danke verbinden.

Bischweiler, im August 1876.

Der Verfasser.

Nachträgliches.

S. 23. Zu *anǵa*, *aktu* u. s. w. gehört wohl auch das altd. *ancho*, Anke, frische wie ausgelassene Butter.

S. 43. Die Wurzel von *vana* ist *va*, gehen, fortgehen, sich entfernen, daher wohl im Griech. *va* = οὐ, fort, weg, nicht mehr da, nicht, wie auch *vag*, *vak* = οὐκ.

S. 44. Die Wörter ἀρένος und ἀρνός samt ihren Verwandten gehören wohl nicht hierher. Curtius, Grundz. § 491.

S. 53. Das durch Aphärese und Synkope aus *gha-ja* entstandene *hja* hat im Präsens *hja-ami* = *hjâmi*, griech. ἵημι, ἱέναι, gehen machen, schicken.

S. 57. Hierher gehört auch *sha-dha*, reduc. auf *s-dha* = *stha*, daher *sthâ*, dahin gethan, gesetzt, gestellt seyn, *stare*, stehen, griech. redupl. *sha-shadha*, mit Reduct. der Aspiraten, *ha-sa-da*, synk. *hasda* = *hasta*, *hista*, ἱστα-αμι = ἵστημι, ἱστάναι, stehen und stehen machen; dessgleichen *sha-dha*, reduc. auf *sa-da*, *sada-ti*, synkop. *sadti* = *satti*, setzen, *sîda*, *sîdati*, sitzen, griech. mit Reduct. der Aspiraten, *ha-da*, *heda*, ἑδ-, ἕδω, ἕδjω = ἕζω, ἵζω, setzen, ἕζομαι, sich setzen, sitzen.

S. 60. *Budha*, vielleicht auch urspr. *bh-vadha* = *budha*, sey's mit der Grundbedeutung von sehen, oder von wachen.

S. 84. Das Part. Präs. *çvant*, urspr. *ghvant*, bildet durch Ausfall des *v*, lat. *cant* = *cent*, *cent-um*, sanskr. neutr. *çat*, *çat-am*, griech. ἑ-κατόν, goth. *hund*, hundert.

VERZEICHNISS

der etymologisch besprochenen Wörter.

1. Deutsch.

2. Gothisch.

3. Griechisch.

4. Lateinisch.

5. Sanskrit.

Druckberichtigungen.

Man lese S. 7 oben: ἰατραλείπτης, unten: *bismait*. — S. 12 mitten: μέλδειν. — S. 17 unten: χριστός. — S. 30 unten: πῶϋ. — S. 53 oben: *gairnjan* und *këron*, *gëron*. — S. 58 oben: ἁλός, unten: treiben, wachsen. — S. 59 mitten: *huosten*, unten: *sk* und *sc*. — S. 62 oben: ohne *a*, *bhi*. — S. 66 unten: Nur geschah es im Griechischen, dass das ursprüngliche *H*, das im Inlaute schon früh durch ein halbes *H* vertreten wurde, später auch im Anlaute durch ein Häkchen unter dem Namen des Spir. asper ersetzt wurde. — S. 96 mitten: Die ideale Svarabhakti.

Strassburg, Druck von G. Fischbach. — 1759.

Zeitfracht Medien GmbH
Ferdinand-Jühlke-Straße 7
99095 Erfurt, Deutschland
produktsicherheit@kolibri360.de